Joseph Hofmann

Die Wasserdrachen

Ein Beitrag zur baulichen Entwicklung der Flugmaschine

Joseph Hofmann

Die Wasserdrachen

Ein Beitrag zur baulichen Entwicklung der Flugmaschine

ISBN/EAN: 9783954273089
Erscheinungsjahr: 2013
Erscheinungsort: Bremen, Deutschland

© maritimepress in Europäischer Hochschulverlag GmbH & Co. KG, Fahrenheitstr. 1, 28359 Bremen. Alle Rechte beim Verlag und bei den jeweiligen Lizenzgebern.

www.maritimepress.de | office@maritimepress.de

Bei diesem Titel handelt es sich um den Nachdruck eines historischen, lange vergriffenen Buches. Da elektronische Druckvorlagen für diese Titel nicht existieren, musste auf alte Vorlagen zurückgegriffen werden. Hieraus zwangsläufig resultierende Qualitätsverluste bitten wir zu entschuldigen.

Die Wasserdrachen

Ein Beitrag zur baulichen Entwicklung der Flugmaschine

Von

Joseph Hofmann
Preußischer Regierungsbaumeister und
Kaiserlicher Regierungsrat a. D. in Genf

Mit 57 Abbildungen im Text und 2 Tafeln

München und Berlin 1913
Druck und Verlag von R. Oldenbourg

Inhalt.

			Seite
Einleitung.			1
1. Hauptstück:	Der Abflug vom ruhigen Wasser. . . .		3
2. ,,	Die Längsstabilität		18
3. ,,	Die Querstabilität.		24
4. ,,	Windseen und Dünung.		34
5. ,,	Einrichtungen an Wasserdrachen für den Landverkehr.		48
6. ,,	Sonstige bauliche Einrichtungen an Schwimmern und Booten		56
7. ,,	Die an Wasserdrachen zu stellenden Anforderungen.		63
8. ,,	Vorschläge		73
Rückblick.			84

Einleitung.

Mit den Wasserdrachen (Hydroaéroplanes) greift das junge Flugwesen auf Bestrebungen zurück, wie sie von d'Esterno (1864), Kreß (1893), Langley (1896), Archdeacon (1905), Blériot und Voisin (1906) zuerst in dem Sinne versucht wurden, das Fliegen über Wasserflächen zu lernen, weil man glaubte, daß dies weniger Gefahren biete als das Fliegen über festem Boden. Diese Ansicht ist auch heute noch ziemlich verbreitet, und es wirkt packend, daß Gaudart, ein technisch gebildeter und ruhiger Führer, der beim diesjährigen Wettbewerb in Monaco erklärt hatte »ce qu'il y a d'agréable, c'est qu'en volant au dessus de l'eau, on est sûr de ne pas se tuer«, am darauffolgenden Tage mit seinem d'Artoisdrachen abstürzte und ertrank.

Also der Grund der Gefahrlosigkeit ist für Wasserdrachen nicht stichhaltig. Es gibt aber noch andere Gründe, um Flugmaschinen mit Schwimmern oder Booten auszurüsten, so daß sie sich aufs Wasser setzen — wassern — und davon wieder abfliegen können. In den noch unerschlossenen Erdteilen mit Waldbestand und Sümpfen bilden Wasserflächen fast die einzigen sicheren Liegeplätze, wenn auch das Abkommen durch Wasserpflanzen und Schlinggewächse erschwert ist. So ist der Wettbewerb de la Tamise gerade mit Rücksicht auf den belgischen Kongo aufgestellt und beschickt worden.

Die Marine will sich das Aufklärungswerkzeug, das die Landarmee in der Flugmaschine gewonnen hat, natürlich ebenfalls zunutze machen. Damit treten aber für den Bau der Wasserdrachen sofort ganz neue Gesichtspunkte auf, die sich mit dem Worte Seetüchtigkeit zusammenfassen lassen: In dieser Hinsicht ging zuerst baulich Fabre in Marseille (1910) und die deutsche Marine mit dem Wettbewerb in Heiligendamm vor, letztere sehr vorteilhaft für die Entwicklung des Flugwesens außerdem durch die Forderung, daß jeder Wasserdrache befähigt sein müsse, auch auf festem Boden zu landen und wieder davon abzufliegen.

Aus vorstehendem ist schon herauszufühlen, daß man beim Bau von Wasserdrachen zwischen einer Menge sich widerstreitender Forderungen wird vermitteln müssen. Es wird im folgenden unsere Aufgabe sein, die verschiedenen Ansprüche kennen zu lernen und gegeneinander abzuwägen. Die Entscheidung kann aber immer nur so ausfallen, daß der Wasserdrache vor allem gut fliegen muß.

1. Hauptstück.
Der Abflug vom ruhigen Wasser.

Nehmen wir an, wir hätten einen Drachen (Fig. 1) mit einem Paar nebeneinander liegender Schwimmer, die, wenn sich der hintere Hilfsschwimmer unter dem Zug der Schraube Z aus dem Wasser gehoben hat, die ganze Last der Maschine zu tragen haben.

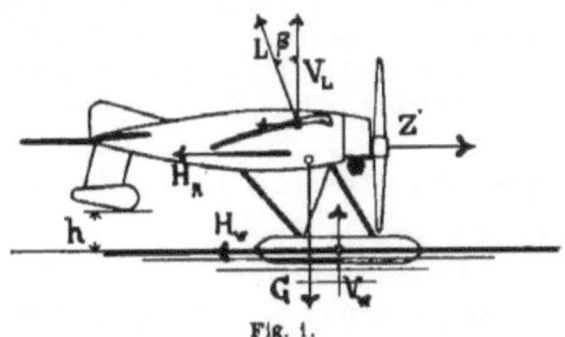

Fig. 1.

Dann ist allgemein
Zugkraft Z = Luftwiderstand H_L der Tragfläche
+ Luftwiderstand H_R der nicht tragenden Flächen
+ Wasserwiderstand H_W der Schwimmer.

Wie beim Anlauf auf Land (vgl. Hofmann, Der Maschinenflug, Frankfurt 1911, S. 126) werden die Beträge H_L und H_R mit zunehmender Geschwindigkeit immer größer, während der Betrag H_W von Null bis zu einem Höchstwert anschwillt und dann in den Betrag H_L eingeht.

Da der Widerstand der Flüssigkeiten als eine Größe betrachtet wird, die im geraden Verhältnis mit der in Bewegung gesetzten

Masse, das ist mit der Größe der verdrängenden Fläche F und mit dem Quadrate der Geschwindigkeit v, ferner mit dem Sinus des Einfallswinkels β der verdrängenden Fläche wächst, so läßt sich, wenn

γ = Gewicht eines Kubikmeters Luft = 1,3 kg,

γ_W = Gewicht eines Kubikmeters Wasser = $\begin{cases} 1000 \text{ kg Süßwasser,} \\ 1015 \text{ kg Ostseewasser,} \\ 1025 \text{ kg Nordseewasser,} \end{cases}$

g = Beschleunigung der Schwere = 9,81 m/Sek.²,

F = tragende (Flügel- usw.) Fläche
F_R = nicht tragende Stirnfläche
F_W = unter Wasser liegender größter Querschnitt der Schwimmer
$\Big\}$ in Quadratmetern,

$\varphi, \varphi_R, \varphi_W$ = Beiwerte der Flächen

sind, die die Form (Höhlung, Wölbung, Rauheit, Glätte) berücksichtigen, die obige Beziehung ausdrücken durch

$$Z = \varphi F \frac{\gamma}{g} \cdot v^2 \cdot \sin^2 \beta + \varphi_R \cdot F_R \cdot \frac{\gamma}{g} \cdot v^2 + \varphi_W \cdot F_W \cdot \frac{\gamma_W}{g} \cdot v^2.$$

Das dritte Glied der Gleichung rechts verschwindet im Augenblick des Abflugs, d. h. wenn der anfängliche Auftrieb der Schwimmer V_W = Gewicht der Maschine G von den Tragflächen in der Luft übernommen wird. Daher empfiehlt es sich, das dritte Glied, den Schwimmerwiderstand, durch den Schwimmerauftrieb auszudrücken.

Ist l die Länge des Schwimmers, so ist zu Beginn des Anlaufs

$$\varphi_W F_W \cdot \frac{\gamma_W}{g} v^2 = \varphi_W \frac{F_W \cdot l \cdot \gamma_W}{l \cdot g} v^2 = \frac{\varphi_W \cdot v^2}{l \cdot g} \cdot G.$$

Im Augenblick des Abflugs wird $V_W = 0$ und dafür

$$V_L = G = \varphi \cdot F \cdot \frac{\gamma}{g} \cdot v^2 \cdot \frac{\sin 2\beta}{2}.$$

Somit ist allgemein der Widerstand oder die erforderliche Zugkraft

$$Z = \varphi \cdot F \frac{\gamma}{g} \cdot v^2 \sin^2 \beta + \varphi_R \cdot F_R \cdot \frac{\gamma}{g} \cdot v^2$$
$$+ \frac{\varphi_W \cdot v^2}{l \cdot g} \left(G - \varphi F \cdot \frac{\gamma}{g} v^2 \cdot \frac{\sin 2\beta}{2} \right).$$

Beispiel.

Es sei
$G = 700$ kg, $\quad l = 3{,}5$ m, somit $F_W \cdot l \cdot \gamma_W = 700$ kg,
$F = 25$ qm, $\quad \varphi = 3$ (Blériot-Flügel),
$F_R = 1{,}4$ qm, $\quad \varphi_R = 0{,}9$ (Rundungen),
$F_W = 0{,}2 \cdot 1 = 0{,}2$ qm, $\quad \varphi_W = 0{,}1$ (mittl. Bootsform), $\dfrac{\gamma}{g} = \dfrac{1}{8}$.

Soll der Drache bei $v = 20$ m/Sek. das Wasser verlassen, so erhält man aus dem dritten Gliede der Gleichung für Z die Größe des Stellwinkels, da bei dessen Kleinheit

$$\frac{\sin 2\beta}{2} = \sin \frac{2\beta}{2} = \sin \beta$$

ist, aus

$$\sin \beta = \frac{g \cdot G}{\varphi \cdot F \gamma \cdot v^2} = \frac{8 \cdot 700}{3 \cdot 25 \cdot 400} = 0{,}186,$$
$$\beta = 10°\,40', \quad \sin^2 \beta = 0{,}034.$$

Der Flugwiderstand selbst wäre in diesem Falle

$$Z_{20} = 3 \cdot 25 \cdot \frac{1}{8} \cdot 400 \cdot 0{,}034 + 0{,}9 \cdot 1{,}4 \cdot \frac{1}{8} \cdot 400,$$
$$= \sim 127 + 64 = 191 \text{ kg}.$$

Rechnet man ferner, daß der Drache einen Motor von 80 PS besitze und dieser Motor mit geeignetem Propeller eine Zugkraft von 4 kg/PS entwickle, so kann man aus der so gegebenen größten Zugkraft $Z_{max} = 80 \cdot 4 = 320$ kg und aus dem gegebenen Gewicht $G = 700$ kg auch die wichtigsten Flugeigenschaften des Drachen, nämlich die äußersten Winkelstellungen der Tragfläche gegen den Horizont und damit die kleinste und die größte Geschwindigkeit, bei der der Drache noch fliegen kann, finden.

Setzt man nämlich den Wert $\sin \beta = \dfrac{g \cdot G}{\gamma \cdot \varphi \cdot F \cdot v^2}$ in die Gleichung für den Flug ein, so erhält man

$$Z_{max} = \frac{\gamma}{g} \cdot \varphi \cdot F \cdot v^2 \cdot \left(\frac{gG}{\gamma \cdot \varphi \cdot F \cdot v^2}\right)^2 + \frac{\gamma}{g} \cdot \varphi_R F_R \cdot v^2$$
$$= \frac{g}{\gamma} \frac{G^2}{\varphi \cdot F \cdot v^2} + \frac{\gamma}{g} \cdot \varphi_R \cdot F_R \cdot v^2$$

oder nach v^2 geordnet:

$$v^4 - \frac{Z_{max}}{\varphi_R F_R} \cdot \frac{g}{\gamma} \cdot v^2 = -\frac{g^2}{\gamma^2} \cdot \frac{G^2}{\varphi \cdot \varphi_R \cdot F \cdot F_R}$$

oder
$$\left(v^2 - \frac{Z_{max} \cdot g}{2 \cdot \varphi_R \cdot F_R \cdot \gamma}\right)^2 = \frac{g^2}{\gamma^2 \cdot \varphi_R F_R}\left(-\frac{G^2}{\varphi F} + \frac{Z_{max}^2}{4\varphi_R F_R}\right),$$

$$v^2 = \frac{g}{\gamma}\left[\frac{Z_{max}}{2\varphi_R \cdot F_R} \pm \sqrt{\frac{1}{\varphi_R F_R}\left(-\frac{G^2}{\varphi F} + \frac{Z_{max}^2}{4\varphi_R \cdot F_R}\right)}\right]$$

und für unser Beispiel

$$v^2 = 8\left[\frac{320}{2 \cdot 0{,}9 \cdot 1{,}4} \pm \sqrt{\frac{1}{0{,}9 \cdot 1{,}4}\left(-\frac{700^2}{3 \cdot 25} + \frac{320^2}{4 \cdot 0{,}9 \cdot 1{,}4}\right)}\right],$$

$$= 8\left[\frac{160}{1{,}26} \pm \sqrt{\frac{-6533 + 20317}{1{,}26}}\right],$$

$$= 8\,[127 \pm 104] = 8\begin{Bmatrix}231 \\ 23\end{Bmatrix} = \begin{Bmatrix}1848 \\ 184\end{Bmatrix},$$

$$v = \sqrt{\begin{Bmatrix}1848 \\ 184\end{Bmatrix}} = \begin{Bmatrix}43 \text{ m/Sek.}, \\ 13{,}5 = \infty\ 14 \text{ m/Sek.}\end{Bmatrix}$$

Die Stellwinkel ergeben sich aus

$$\sin \beta = \frac{g\,G}{\gamma \cdot \varphi F \cdot v^2} = \frac{8 \cdot 700}{3 \cdot 25 \cdot \begin{Bmatrix}1848 \\ 184\end{Bmatrix}} = \begin{Bmatrix}0{,}041 \\ 0{,}408\end{Bmatrix},$$

daher $\beta = \begin{Bmatrix}2^0\,30' \\ 24^0\end{Bmatrix}$

Daß man es nicht wagen wird, ohne Motorreserve mit einem Stellwinkel von $2^0\,30'$, wobei schon kleine Luftwellen den Drachen nach unten werfen würden, zu fliegen, ist selbstverständlich. Aber man kann etwa als Höchstgeschwindigkeit für unseren Drachen $v = 35$ m/Sek., somit $\sin \beta = \frac{75}{35^2} = 0{,}067$ oder $\beta = 4^0$ festsetzen.

Dann wäre die erforderliche Zugkraft

$$Z_{35} = 3 \cdot 25 \cdot \frac{1}{8} \cdot 1225 \cdot 0{,}0005 + 0{,}9 \cdot 1{,}4 \cdot \frac{1}{8} \cdot 1225.$$

$$= 51 + 196 = 247 \text{ kg}.$$

Es bliebe als Reserve $320 - 247 = 73$ kg Zugkraft, entsprechend $\frac{73}{4} = 18$ PS.

Wir hätten nach den bisherigen Annahmen und Rechnungen einen Drachen, der mit angemessener Motorreserve eine Höchstgeschwindigkeit von rd. 126 km/Std. erreichen kann, der zu

Beobachtungen oder beim Landen seine Geschwindigkeit auf rd. 50 km/Std. oder mit der gleichen Motorreserve auf rund 63 km/Std. zu erniedrigen vermag und der bei 72 km/Std. abfliegend $320 - 191 = 129$ kg Zugkraft, entsprechend $\frac{129}{4} = 32$ PS, noch zur freien Verfügung hat.

Würden wir diesen Drachen aber versuchen, so fänden wir, daß ein ganz geringer Zusatzwiderstand oder eine geringe Minderleistung des Motors den Abflug unmöglich machte. Hätten wir an unserem Wasserdrachen Laufräder, so wären die, wenn sie beim Anlaufen im Wasser blieben, natürlich ein prächtiger Sündenbock für den mißglückten Abflug. Da aber solche Räder nicht da sind, so müssen wir nach anderen Gründen ausschauen:

Es genügt nicht, für den Anlauf die Verhältnisse am Anfang und am Ende zu untersuchen, es müssen vielmehr Zwischenstufen in größerer Zahl in Betracht gezogen werden. Sehen wir uns die Lage etwa von 5 m zu 5 m in der Sekunde näher an, so finden wir unter Anwendung der gleichen Formel für die Zugkraft, wenn der Index von Z die Geschwindigkeit v in Metern auf die Sekunde angibt,

$\begin{cases} Z_5 = 59 \text{ kg.} \\ \text{Beschleunigende Kraft} = Z_{max} - Z_5 = 320 - 59 = 261 \text{ kg.} \end{cases}$

$\begin{cases} Z_{10} = 197 \text{ kg.} \\ \text{Beschleunigende Kraft} = Z_{max} - Z_{10} = 320 - 197 = 123 \text{ kg.} \end{cases}$

$\begin{cases} Z_{12,3} = 259 \text{ kg.} \\ \text{Beschleunigende Kraft} = Z_{max} - Z_{12,3} = 320 - 259 = 61 \text{ kg.} \end{cases}$

$\begin{cases} Z_{15} = 303 \text{ kg.} \\ \text{Beschleunigende Kraft} = Z_{max} - Z_{15} = 320 - 303 = 17 \text{ kg.} \end{cases}$

$\begin{cases} Z_{17,3} = 296 \text{ kg.} \\ \text{Beschleunigende Kraft} = Z_{max} - Z_{17,3} = 320 - 296 = 24 \text{ kg.} \end{cases}$

$\begin{cases} Z_{20} = 191 \text{ kg.} \\ \text{Beschleunigende Kraft} = Z_{max} - Z_{20} = 320 - 191 = 129 \text{ kg.} \end{cases}$

Trägt man die Werte in einem Bilde zusammen, so erhält man eine die-Ecken des Linienzugs I in Fig. 2 verbindende Kurve.

Erinnert man sich, daß für eine gleichförmige Geschwindigkeit c der in der Zeit t zurückgelegte Weg $s = ct$, also gleich dem

Inhalt eines Rechtecks aus c und t ist, so ist für eine gleichförmig von der Geschwindigkeit c auf die Geschwindigkeit v beschleunigte

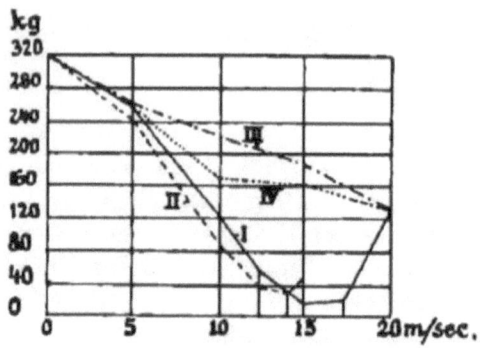

Fig. 2.

Bewegung der Weg s gleich der Summe der kleinen Rechtecke, die sich über einem sehr kleinen Teilchen der Zeit t mit der gerade erlangten, zwischen c und v liegenden Geschwindigkeit errichten lassen, oder gleich dem Trapez aus c, v und t (Fig. 3), d. h. $s = \dfrac{c+v}{2} \cdot t$. Nach der gleichen Figur ist die Beschleunigung $p = \dfrac{v-c}{t}$ oder die Zeit $t = \dfrac{v-c}{p}$.

Setzt man letzteren Wert für t in die Gleichung für s, so kann man den Weg auch ausdrücken durch $s = \dfrac{v^2 - c^2}{2p}$.

Verfolgt man nun die Geschwindigkeiten von 5 m zu 5 m in der Sekunde steigend, und betrachtet man zwischen zwei solchen Grenzen, also zwischen 0 und 5 m/Sek., zwischen 5 m/Sek. und 10 m/Sek. usw. die Geschwindigkeitszunahme als gleichförmig, nimmt man ferner als beschleunigende Kraft den Überschuß der vorhandenen Kraft über den mittleren Widerstand einer Gruppe, so erhält man für unser Beispiel, da allgemein Beschleunigung $= \dfrac{\text{Kraft}}{\text{Masse}}$,

$$p_5 = \frac{\frac{261+0}{2}}{\frac{700}{9,81}} = \sim \frac{130}{70} = 1,87 \text{ m/Sek}^2.;$$

$$t_5 = \frac{5-0}{1,87} = 2,67 \text{ Sek.}; \quad s_5 = \frac{5^2 - 0^2}{3,74} = 6,7 \text{ m},$$

$$p_{10} = \frac{\frac{123+261}{2}}{\frac{700}{g}} = \sim \frac{192}{70} = 2,74 \text{ m/Sek}^2.;$$

$$t_{10} = \frac{10-5}{2,74} = 1,82 \text{ Sek.}; \quad s_{10} = \frac{100-25}{5,48} = 13,7 \text{ m}$$

usw.

Hiernach ist der Linienzug *I* in Fig. 4 aufgestellt, und man erhält durch Summierung die Anlaufzeit für unseren Drachen $\Sigma(t) = 19{,}84$ Sekunden und den Anlaufweg $\Sigma(s) = 256$ m.

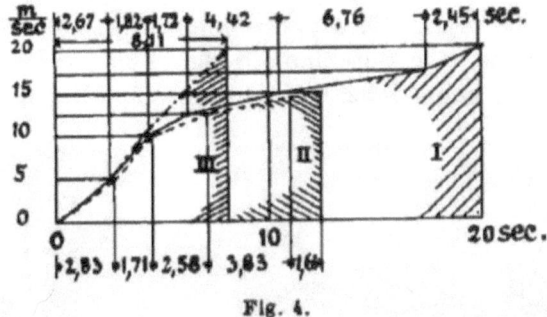

Fig. 4.

Nun könnte man daran denken, weil der Fehler in der Gegend der Geschwindigkeit von 15 m/Sek. liegt, den Wasserdrachen ungefähr bei 15 m/Sek. abfliegen zu lassen, wie ja auch mancher Landdrache bei solcher Geschwindigkeit abfliegt. Dann muß man die Flügel unter einem Winkel β einstellen, den man wie vorhin erhält aus

$$\sin \beta = \frac{8 \cdot 700}{3 \cdot 25 \cdot 15^2} = 0{,}332, \text{ somit } \beta = 19^\circ\, 20'.$$

Rechnet man die Verhältnisse in der gleichen Weise durch, wie für den Linienzug *I* erläutert, so erhält man in Fig. 2 und 4 den Linienzug *II*. Hiernach erscheint der Abflug insofern verbessert, daß die Anlaufzeit nur noch 12,56 Sekunden beträgt.

und der Anlaufweg auf 125,8 m zurückgeht. Dagegen ist die Gefahr des Steckenbleibens fast gar nicht vermindert,

Fig. 5. H. Fabre.

da die beschleunigende Kraft vor dem Abflug auf 29 kg sinkt; und außerdem ist die Maschine für den Flug verschlechtert. In dieser Richtung kann daher die Lösung nicht liegen.

Fig. 6. A. Dufaux.

Wenn man nun die Gleichung für die Zugkraft Z für Geschwindigkeiten nahe zu 15 m/Sek. aufstellt, so sieht man aus dem letzten Gliede, daß die Hubkraft der Flügel V_L viel zu gering ist, um die Schwimmer genügend früh aus dem Wasser zu heben. Daher haben Henri Fabre in Marseille (Fig. 5), Armand Dufaux in Genf (Fig. 6) das Herausholen der Schwimmer diesen selbst zum großen Teil überlassen, indem sie die Schwimmer zur Fahrtrichtung geneigt anordneten.

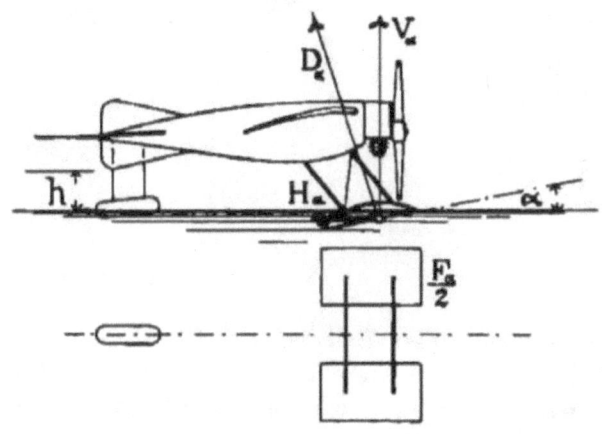

Fig. 7.

Geben wir unserem Drachen eine solche Schwimmeranordnung nach Fig. 7, so erhalten wir in der allgemeinen Gleichung für Z als drittes Glied wieder den Widerstand der Schwimmer, der rein dynamisch genommen, und wenn die Flügel gar nichts tragen würden, unter Voraussetzung einer genügend großen Schwimmertragfläche F_S, $H_S = G \operatorname{tg} \alpha$ wäre. Setzt man also statt der konstanten Schwimmerbelastung G wieder die durch den Auftrieb der Flügel veränderliche

$$\left(G - \varphi F \frac{\gamma}{g} \cdot v^2 \sin \beta\right),$$

so erhalten wir, da F_S mit zunehmender Geschwindigkeit selbsttätig kleiner wird,

$$Z = \varphi F \cdot \frac{\gamma}{g} v^2 \sin^2 \beta + \varphi_R \cdot F_R \cdot \frac{\gamma}{g} \cdot v^2$$
$$+ \left(G - \varphi F \frac{\gamma}{g} \cdot v^2 \sin \beta\right) \operatorname{tg} \alpha.$$

Hierbei ist nicht berücksichtigt, daß mit zunehmender Geschwindigkeit die Tragfläche in der Luft sich um die austauchende Tragfläche F_S der Schwimmer vergrößert.

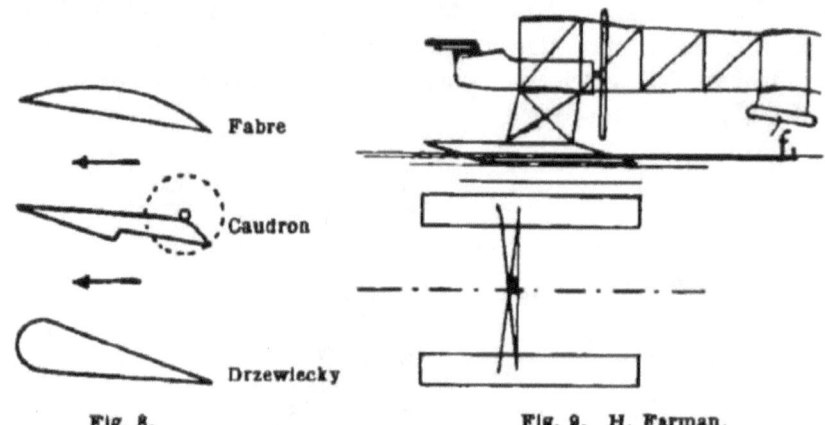

Fig. 8. Fig. 9. H. Farman.

Nehmen wir für unser Beispiel $\alpha = 5^0$, ferner wie anfänglich $\sphericalangle \beta = 10^0\,40'$ (für I), setzen wir den Abflug wieder bei $v = 20$ m/Sek. fest, und rechnen wir nach der letzten Formel Z_5 bis

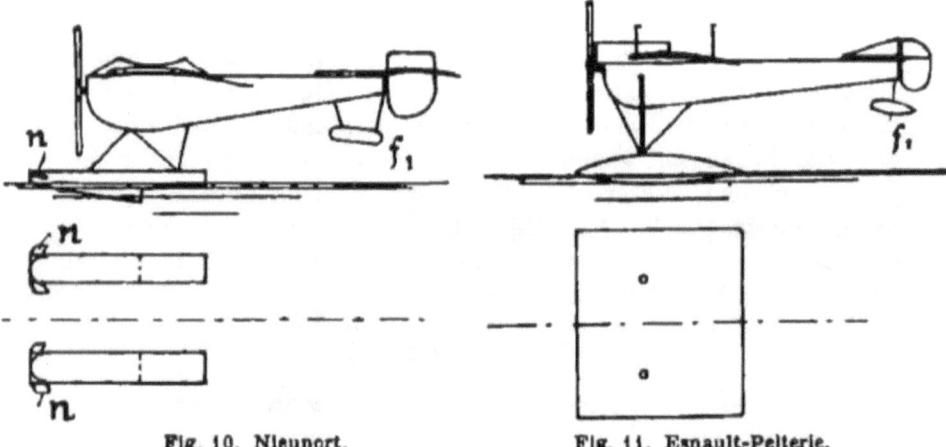

Fig. 10. Nieuport. Fig. 11. Esnault-Pelterie.

Z_{20} usw., so erhalten wir in Fig. 2 und 4 den Linienzug III mit nahezu gleichmäßigem Anlauf, einer Anlaufzeit $= 8{,}11$ Sekunden und einem Anlaufweg $= 77{,}1$ m.

Der Vorteil der Schwimmerschräglage oder der schiefen Ebene bei Schwimmern ist so bedeutend, daß heutzutage wohl selten ganz darauf verzichtet wird. Man gibt also den Schwimmern im ganzen eine Schräglage, wie bei Fabre, Caudron, Drzewiecky (Fig. 8), oder man formt wenigstens den Bug der Schwimmer als flache nach oben dringende Schneide, wie bei Farman (Fig. 9), Nieuport (Fig. 10), Rob. Esnault-Pelterie (Fig. 11) und de Marçay-Moonen (Fig. 12).

In all diesen Fällen ist ein Hilfsschwimmer f_1 unter dem Schwanz des Drachen unerläßlich, weil sonst der Drache in der Ruhe hinten versinken würde. Hat man die Schwerpunkt-

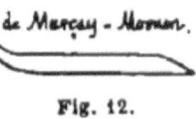

Fig. 12.

einstellung so getroffen, daß der Drache sich unter dem Zug der Schraube nicht vollständig aufrichtet, so kommt die dynamische Wirkung der Schwimmer beim Anlauf noch besonders zur Geltung, wie Fig. 13 zeigt, die nach der Pariser Wochenschrift »La vie

Fig. 13. Deperdussin.

au grand air« den 160 PS-Deperdussindrachen darstellt, den Prévost beim Wettflug dieses Jahres um den Preis »Schneider« in Monaco zum Siege steuerte.

Hilfsschwimmer in der Längsachse sind entbehrlich, wenn man den Hauptschwimmern eine solche Länge gibt, daß der Drache sowohl in der Ruhe wie in der Fahrt stabil ist. Eine solche Anordnung zeigt nach Fig. 14 der vielberufene Wasserdrache »Triad« von Paulhan und Curtiss. Diese langen Schwimmer haben für ruhiges Wasser aber den Nachteil, daß sie einem Steuerdruck zum Abflug nicht folgen, mit anderen Worten, dem Drachen nicht erlauben, sich mit seinen Tragflächen unter einem größeren Winkel zum Horizont auf dem Wasser einzustellen, auch wenn genügender Überschuß an Motorstärke zum Absprung vorhanden wäre.

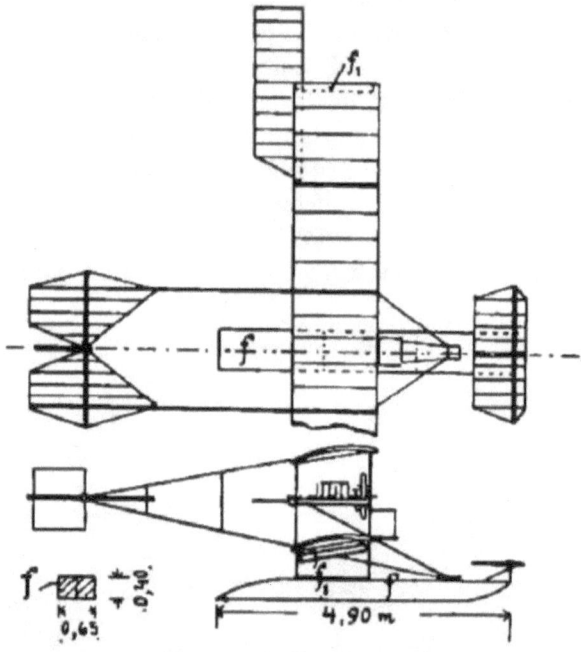

Fig. 14. Paulhan-Curtiss.

Um den Anlauf von Wasserdrachen zu berechnen, deren Schwimmer nur am Bug (Vorderteil) hebende Schrägflächen besitzen (Fig. 9 bis 12, 14, 16, 22), müssen wir in der allgemeinen Gleichung für Z (S. 3) den Wasserwiderstand H_W genauer ausdrücken. Zunächst ist wie früher

$$H_W = \varphi_W \cdot \frac{\gamma_W}{g} \cdot F_W \cdot v^2.$$

Dieser Widerstand wird mit zunehmender Geschwindigkeit kleiner, sowohl wegen der hebenden Wirkung der Schrägflächen der Schwimmer, als auch wegen des Anhebens des Drachen durch die Tragflächen in der Luft. Drückt man daher den wagerechten Widerstand wieder durch die jeweiligen Belastungen aus, und versteht man unter G das ganze Gewicht des Drachen, unter $G_5, G_{10} \ldots G_n$ das auf den Schwimmern noch lastende Gewicht nach 5, 10 ... n Sekunden, so hat man zunächst wieder

$$H_W = H_W \frac{l}{l} = \frac{\varphi_W \cdot v^2}{g\,l} \cdot G,$$

oder da der nach n Sekunden noch eingetauchte Hauptspant der Schwimmer $F_n = \dfrac{G_n}{l \cdot \gamma_W}$ ist, und die Schwimmerschrägfläche unter $\measuredangle \alpha$ steht,

$$H_W = \frac{\varphi_W\, v^2}{g \cdot l}\left(G - \frac{\varphi_s \cdot v^2}{g\,l} \cdot G_n \cdot \cos\alpha - \varphi\, F \cdot \frac{\gamma}{g} v^2 \sin\beta\right),$$

somit

$$Z = \varphi\, F\, \frac{\gamma}{g} \cdot v^2 \cdot \sin^2\beta + \varphi_R \cdot F_R \cdot \frac{\gamma}{g} \cdot v^2$$
$$+ \frac{\varphi_W\, v^2}{g\,l}\left(G - \frac{\varphi_s\, v^2}{g\,l} \cdot G_n \cdot \cos\alpha - \varphi\, F\, \frac{\gamma}{g} \cdot v^2 \sin\beta\right),$$

$\varphi_S = 1$ bis 4 bedeutet hierbei den Beiwert für schräge Tragflächen im Wasser. Vgl. S. 75.

Gibt man in unserem Beispiel den Schwimmern eine Abschrägung $\alpha = 24^0$, so erhält man für den Anlauf nach Fig. 2 den Linienzug *IV*. Ebenso erhält man die Anlaufzeit $t = \Sigma\,(t_n)$ = 8,9 Sekunden und den Anlaufweg $s = \Sigma\,(s_n) = 89$ m.

Gehen wir wieder auf unser Beispiel und auf Fig. 7 zurück! Nehmen wir an, wir könnten etwa bei 15 m/Sek. Anlaufgeschwindigkeit den Drachenschwanz plötzlich um die Höhe h dem Wasser nähern, so daß der Stellwinkel der Tragflächen $\beta_1 = 19^0\,20'$ würde. Dann würde der Winkel $\alpha = \beta_1 - \beta = 19^0\,20' - 10^0\,40' + 5^0 = 13^0\,40'$. Für diesen Fall wäre der Auftrieb V der Tragflächen allein schon

$$V_L = \varphi \cdot \frac{\gamma}{g} \cdot F \cdot v^2 \frac{\sin 2\beta}{2} = 3 \cdot \frac{1}{8} \cdot 25 \cdot 225 \cdot 0{,}332 = \sim 700 \text{ kg},$$

also genügend zum Abflug, während im Augenblick vorher (bei $\beta = 10^0\,40'$; $\alpha = 5^0$) die Schwimmertragfläche je nach dem Wert von φ_S noch 0,19 bis 0,06 qm betragen mußte, um einen Auftrieb im Wasser

$$V_a = \varphi_S \cdot \frac{\gamma_W}{g} \cdot F_S \cdot v^2 \cdot \frac{\sin 2\alpha}{2} = 387 \text{ kg}$$

lediglich dynamisch zu erzeugen.

Der Drache kann daher gemäß *III* (Fig. 2 u. 4) schon nach 5,92 Sekunden abfliegen, und zwar nach Zurücklegung eines Weges von
$$s_5 + s_{10} + s_{15} = 7 + 11 + 20,9 = 39 \text{ m}.$$

Die Höhe, um die der Drachenschwanz zur Erreichung dieses Absprungs müßte plötzlich herabgesteuert werden können, wäre, wenn der Drachenschwanz vom Hauptschwimmer etwa 5 m abstände,
$$h = 5 \cdot \text{tg} \cdot 8^0 \, 40' = 5 \cdot 0,15 = 0,75 \text{ m}.$$

Um die Hauptschwimmer nun zu befähigen, daß sie einem Druck des Höhensteuers folgen, gibt man ihnen einen nach unten konvexen, gebrochenen oder gerundeten Längsschnitt. Vgl. die Anordnung von Burgess und Curtiß (Fig. 15), oder die des »Enterich« von Besson (Fig. 16). Noch viel häufiger aber wendet man ein Mittel an, das für Gleitboote (hydroplanes) lediglich zur Geschwindigkeitserhöhung schon 1872 von Ramus der englischen Admiralität vorgeschlagen wurde, nämlich die Verzahnung des Schiffsbodens. Vgl. die

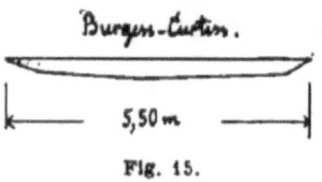

Fig. 15.

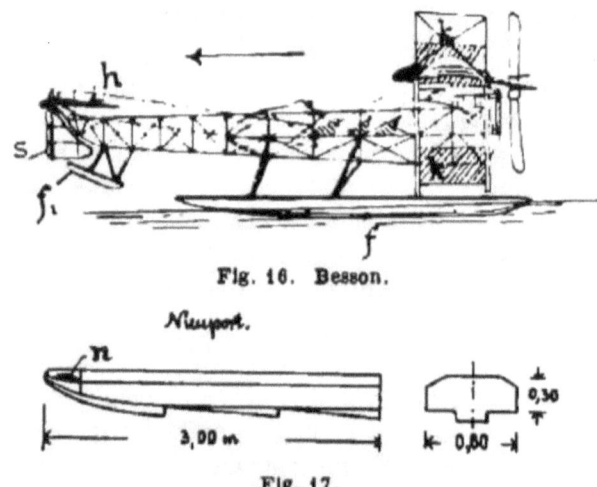

Fig. 16. Besson.

Fig. 17.

neuen Schwimmer von Nieuport (Fig. 17). Auch das von Thornycroft 1877 angegebene Mittel, in die einspringenden Winkel der Zähne Preßluft einzuleiten, taucht wieder auf. Die seit etwa sieben

Jahren von Graf de Lambert unternommenen Versuche haben jetzt dahin geführt, daß sein neuestes, mit Tissandier gebautes Gleitboot, ein vierzahniges, 7 m langes, 3 m breites Floß von 800 kg Leergewicht mit einem 140 PS-Gnommotor und einer 3 m im Durchmesser haltenden »Integral«-Schraube unter einer Belastung von 6 Personen eine Geschwindigkeit von 75 bis 80 km/Std. erreichte.

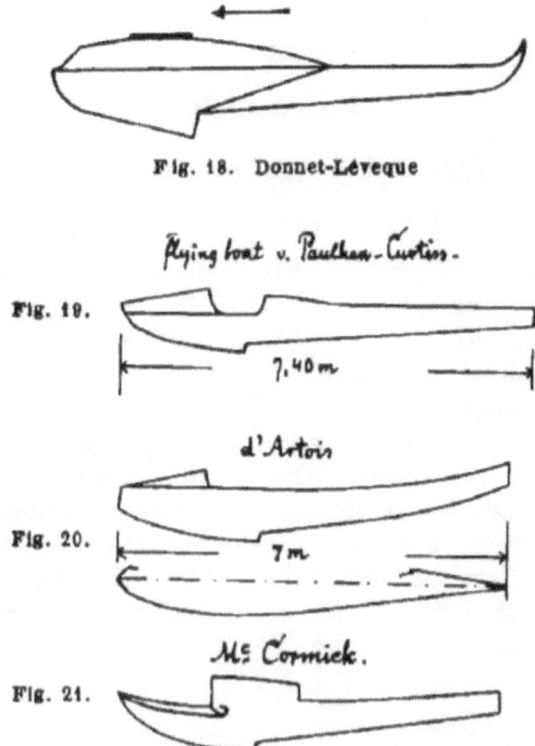

Fig. 18. Donnet-Léveque

Fig. 19. Flying boat v. Paulhan-Curtiss. 7,40 m

Fig. 20. d'Artois 7 m

Fig. 21. Mc Cormick.

Wendet man nur einen einzigen Zahn an, geht man also in der Richtung vor, die Tellier seit mehreren Jahren mit seinen Gleitbooten »la Rapière« verfolgte, so kommt man auf die »fliegenden Boote«, die sich durch ihre Schnelligkeit und Steuerfähigkeit auszeichnen. Vgl. Fig. 18 Donnet-Lévêque, Fig. 19 Paulhan-Curtiß, Fig. 20 Aéromarin d'Artois (Anciens Chantiers Tellier), Fig. 21 Mc Cormick u. dgl.

2. Hauptstück.
Die Längsstabilität.

Die Gesetze, die für das Gleichgewicht eines Drachen auf dem Wasser Geltung haben, sind natürlich die gleichen, in welcher Richtung immer der Drache beansprucht erscheinen mag. Bei der Verschiedenheit der Gesichtspunkte aber, die z. B. für die Stabilität der Länge nach und für die der Quere nach entscheidend sind, führt eine getrennte Behandlung rascher zum Ziele.

Die Größe der Hauptschwimmer ist gegeben durch die Forderung, daß sie bei geschlossener Bauart mindestens über die doppelte Wasserverdrängung verfügen müssen, die dem Gewichte G des Drachen entspricht, also $2G$. Hat der Drache einen Hilfsschwimmer unter dem Schwanze, so ist das Gleichgewicht in der Ruhe gewahrt, wenn nach Fig. 22

$$V_1 a = V b \text{ und } V + V_1 = G.$$

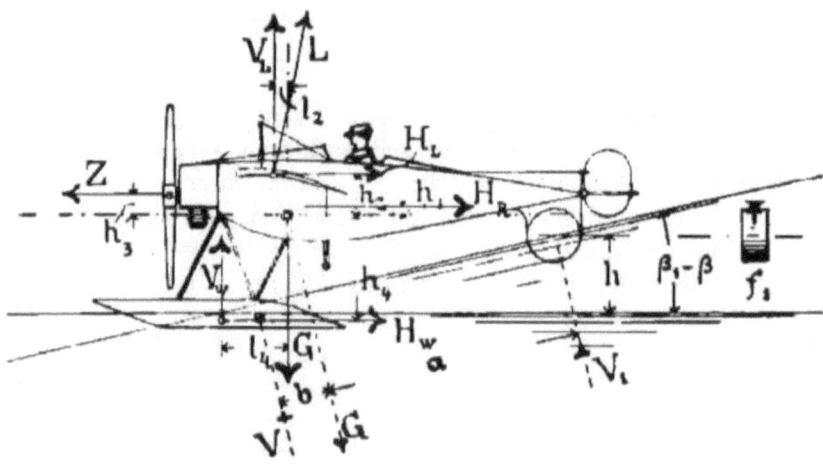

Fig. 22.

Die Größe des Hilfsschwimmers bestimmt sich daher aus
$$V_1 = \frac{Gb}{a+b}$$
oder für unser Beispiel
$$V_1 = \frac{700 \cdot 0{,}8}{4{,}6} = \sim 122 \text{ bis } 150 \text{ l}.$$

Für die Bewegung auf dem Wasser gilt die Forderung, daß der Drache schon bei geringer Geschwindigkeit (3 bis 5 m/Sek.) sich mit dem Hilfsschwimmer frei abhebt und sein Gewicht ganz auf die Hauptschwimmer legt. Hierbei ist nun die erste Bedingung für das Gleichgewicht in der Fahrt, daß der Drache bei größtem Wasserwiderstand nicht nach vorn kippt.

Stellt man die drei Gleichgewichtsbedingungen $\Sigma(M)=0$, $\Sigma(H)=0$ und $\Sigma(V)=0$ für den Drachen (Fig. 22) auf, so erhält man aus $\Sigma(M)=0$:
$$Z \cdot h_3 + H_W \cdot h_4 - V_L \cdot l_2 - H_L \cdot h_2 - H_R \cdot h_1 - V_W l_4 = 0;$$
ferner aus $\Sigma(H)=0$:
$$H_W = Z - (H_L + H_R)$$
und aus $\Sigma(V)=0$:
$$V_W = G - V_L;$$
somit
$$Z h_3 + [Z - (H_L + H_R)] h_4 - V_L \cdot l_2 \\ - H_L \cdot h_2 - H_R \cdot h_1 - (G - V_L) l_4 = 0.$$

Bekannt sind alle Größen mit Ausnahme von h_4 und l_4. Macht man daher für h_4 mit Rücksicht auf den Durchmesser des Propellers eine bestimmte Annahme, so findet man
$$l_4 = \frac{Z h_3 + [Z - (H_L + H_R)] h_4 - V_L \cdot l_2 - H_L \cdot h_2 - H_R \cdot h_1}{G - V_L}.$$

Untersuchen wir z. B. die Längsstabilität unseres Drachen, Fig. 22, mit Schwimmern nach Fig. 1, bei der Geschwindigkeit von 15 m/Sek., also für den Betriebsfall *I* nach Fig. 2, so ist

$Z_{15} = 303$ kg; $h_3 = 0{,}3$ m; $V_L = 388$ kg; $l_2 = 0{,}2$ m;
$H_L = 67$ kg; $h_2 = 0{,}6$ m; $V_W = 312$ kg; $l_4 = ?$
$H_R = 36$ kg; $h_1 = 0{,}1$ m;
$H_W = 200$ kg; $h_4 = 1{,}6$ m;

$$l_4 = \frac{303 \cdot 0{,}3 + 200 \cdot 1{,}6 - 388 \cdot 0{,}2 - 67 \cdot 0{,}6 - 36 \cdot 0{,}1}{700 - 388}$$
$$= \frac{290}{312} = 0{,}93 \text{ m}.$$

Wird der Wasserdrache etwa von einem Motorboot mittels Trosse geschleppt, so wird man letztere immer zwischen Schwerpunkt der Maschine und Schwimmeroberkante anbringen können, so daß die Verhältnisse gegenüber der Fahrt unter eigener Kraft günstiger werden.

Natürlich kann man nicht daran denken, den Drachen etwa auch für den Fall stabil zu machen, daß die Schwimmer vollständig in das Wasser einschneiden. Denkt man sich z. B. die Schwimmer unseres Drachen nach einem unvorsichtig beendigten Gleitflug wagerecht in einen Wellenberg etwa mit 20 m/Sek. eindringend, so erfahren sie sofort einen wagerechten, dem eingetauchten Hauptspant von 0,40 qm entsprechenden Widerstand von

$$W = \varphi_W \cdot \frac{\gamma_W}{g} \cdot F_W \cdot v^2 = 0,1 \cdot \frac{1000}{10} \cdot 0,4 \cdot 20^2 = 1600 \text{ kg}.$$

Das ist nicht viel anders, als wenn der Drache in eine Schneewehe oder einen Haufen lockerer Erde einschnitte. Wäre die Masse des Drachen in den Schwimmern verkörpert, so gäbe das eine sehr harte Bremsung. Da die Masse des Drachen aber in seinem Schwerpunkt steckt, d. h. rd. 1,5 m über dem Schwimmerschwerpunkt, so bewirkt das Moment $1600 \cdot 1,5$ ein sofortiges Überkopfschießen des Drachen.

Unter besonderen Umständen, wenn z. B. der Bug der Schwimmer sehr schlank und bogenförmig nach oben gezogen ist (Fig. 13), oder wenn durch besondere kleine Flügel am Bug auf ein aufrichtendes Moment Bedacht genommen ist (n in Fig. 10), kann der Drache sich im Wasser auch totlaufen, statt zu kippen.

Nehmen wir diesen Fall an, so ist

$$\frac{\text{Masse} \cdot \text{Geschwindigkeit}^2}{2} = \text{Arbeit des wagerechten Ein-}$$

dringens + Arbeit der Hebung der Maschine.

Würde der Widerstand oder die Kraft K, mit der die Schwimmer ins Wasser einschneiden, sich gleich bleiben, so wäre die Arbeit ein Rechteck aus K und dem Weg s. Da die Kraft K aber im quadratischen Verhältnis bis Null abnimmt, so haben wir statt der Rechteckfläche eine Parabelfläche mit um so größerem Weg s_1 daß beide Flächen einander gleich werden, d. h.

$$\frac{2}{3} K \cdot s_1 = K \cdot s; \quad s_1 = \frac{3}{2} s.$$

Ebenso können wir die Hebungsarbeit finden, wenn wir annehmen, daß für gleiche Kräfte die Wege im umgekehrten Verhältnis zu den Widerständen stehen, oder daß

$$\frac{h}{s} = \frac{\text{Stirnflächenschneide}}{\text{Schwimmer-Rückenfläche}} = \frac{\varphi_W \cdot F_W}{D}.$$

Somit

$$\frac{m v^2}{2} = \frac{2}{3} K \cdot s_1 + G \cdot h,$$

$$= \frac{2}{3} \cdot \varphi_W \cdot \frac{\gamma_W}{g} \cdot F_W \cdot v^2 s_1 + \frac{G \cdot s_1 \varphi_W F_W}{D}.$$

Daraus

$$s_1 = \frac{m}{\varphi_W \cdot F_W \left(\frac{4}{3} \frac{\gamma_W}{g} + \frac{2 G}{D \cdot v^2}\right)}.$$

Für unser Beispiel und $v = 20$ m/Sek. dringen die Schwimmer ins Wasser ein um

$$s_1 = \frac{70}{0{,}1 \cdot 0{,}4 \left(\frac{400}{3} + \frac{1400}{3{,}5 \cdot 400}\right)} = 13 \text{ m}.$$

Dabei wird die Maschine gehoben um

$$h = \frac{13 \cdot 0{,}1 \cdot 0{,}4}{3{,}5} = 0{,}15 \text{ m}.$$

Die Formel zeigt den scheinbaren Widerspruch, daß der Weg des Eindringens 13 m bleibt, ob die Maschine mit 20 oder mit 30 m/Sek. Geschwindigkeit aufs Wasser auftrifft, daß die Weite des Eindringens also nur von der Bauart abhängt. Jedenfalls ist eine solche Bremsung für Maschine und Besatzung ebenso gefährlich wie ein Kippen des ganzen Drachen, und daher darf man sich auf eine solche Wasserung nicht einlassen. Der Spruch, der für Motorboote Geltung hat, »Nase hoch!«, gilt in erhöhtem Maße für Wasserdrachen. Denn während der Unterschied zwischen Tiefgang vorn und hinten, der sog. Trimm, bei Motorbooten mit zunehmender Geschwindigkeit größer wird, und die Schraube das Boot auf der schrägen Bugfläche immer mehr aus dem Wasser schiebt, sucht umgekehrt bei Wasserdrachen mit dem hochliegenden Schwerpunkt und der noch höheren Schraubenwelle der Propeller die Maschine mit der Nase ins Wasser zu drücken; und diesem Bestreben muß mit allen Mitteln beim Bau entgegengewirkt werden. Die Aufgabe ist noch dadurch besonders schwierig, daß für den Beginn des Abflugs die Tauchbewegung, um den Schwanz der Maschine genügend hoch aus dem Wasser zu heben, gerade notwendig ist. In der Hauptsache kann man beide sich entgegengesetzte Forderungen erfüllen durch eine solche Formgebung der Schwimmer oder der Boote, daß der Druckpunkt (Angriffspunkt der Kraft V_W) nach Fig. 22) am Anfang des Abflugs sehr rasch, dann aber wenig oder gar nicht mehr nach vorn wandert. Und jedenfalls kann man es durch die Steuerung erreichen, daß beim Abstieg immer das Hinterende der Schwimmer zuerst das Wasser berührt.

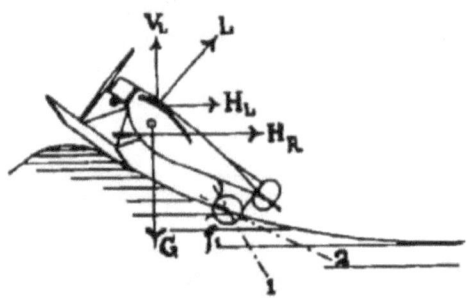

Fig. 23.

Auf eine harte Probe kann schließlich ein Wasserdrache bezüglich seiner Längsstabilität noch gestellt werden, wenn er freiwillig oder unfreiwillig im Gegenwind zur Ruhe kommend gerade von einer Welle unterlaufen wird (Fig. 23). Bei dem Drachen unseres Beispiels, bei dem die Flügel unter $10^0\,40'$ eingestellt sind, somit in der Ruhe unter $19^0\,20'$ zum Wasserspiegel stehen, können sie am Hang eines Wellenkamms leicht unter 30^0 zum Horizont kommen. Dann ist aber, da die Hebelarme der entscheidenden lotrechten Kräfte sich verkürzen und die der wagerechten Kräfte sich verlängern, schon ein Wind von etwa 10 m/Sek. imstande, einen Drachen nach hinten überzukippen, wie es beim letzten Wettbewerb in Monaco einer von Weymann gesteuerten Nieuportmaschine tatsächlich geschah. Man wunderte sich, wie einer Maschine mit solchem Hilfsschwimmer (von 150 l) das zustoßen konnte. In Wirklichkeit kommt die Größe des Hilfsschwimmers hier erst an zweiter Stelle, seine Formgebung aber an erster in Betracht.

Wenn man die Fig. 23 ansieht, so bemerkt man, daß in der gefährlichen Lage, wobei der Wind den Drachen völlig unterfaßt hat, die Kräfte G und V_L nahezu in der gleichen Richtung liegen, der Hilfsschwimmer daher überhaupt keinen Druck erhält. Wenn der Hilfsschwimmer f_1 also etwa die Gestalt einer Kugel hätte, so würde der Drache unter dem Einfluß des Windes, d. i. der Kräfte H_L und H_R einfach abtreiben. Da die bisherigen Schwimmer aber die Gestalt von Zylindern, Linsen, Koffern oder Platten mit einer ausgesprochen zwischen 1 und 2 liegenden Neigung besitzen, so graben sie sich unter dem Einfluß des Windes rückwärtsfahrend in das Wasser ein und liefern so den Kräften H_L und H_R das nötige Widerlager zum Umwerfen des Drachen. Man kann die üblichen Hilfsschwimmer auch nicht mit anderer Neigung verlegen. Sonst würden sie sich vorwärtsfahrend eingraben. Das einzige Mittel, um seegehende Drachen gegen Unfälle der eben erörterten Art zu schützen, sind **scheibenförmige und lotrecht gestellte Hilfsschwimmer** f_1 (Fig. 22), die ein Abtreiben im Wasser gestatten, ohne für Fahrt und Flug den Widerstand zu erhöhen.

3. Hauptstück.
Die Querstabilität.

Wenn es sich darum handelt, einen ohne Bindemittel auf seiner Unterlage stehenden Körper umzuwerfen oder zu wissen, ob und bis zu welchem Grade er standfest ist, so kann man zwei verschiedene Dinge ins Auge fassen. Greift man den Körper, dessen Querschnitt aus Fig. 24 zu sehen ist, z. B. mit einer Kraft H in der Höhe seines Schwerpunktes an, so wird sich die linke Kante A abheben, wenn der Körper sich um seine rechte Kante B, gegen Gleiten gesichert, zu drehen anfängt. Im ersten Augenblick ist also das Moment, das der Körper seiner Drehung entgegensetzt, $G \cdot a$, wenn S der Schwerpunkt und G sein Gewicht ist, und diesem Moment muß notwendig das arbeitende Moment Hb gleich und entgegengesetzt gerichtet sein, d. h.

$$Hb = Ga.$$

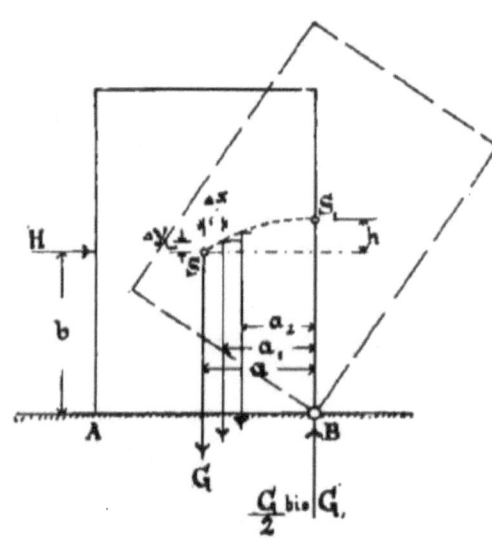

Fig. 24.

Bei der weiteren Drehung bewegt sich S in einem Kreisbogen um B, und in jedem Augenblick muß das arbeitende Moment dem widerstehenden gleich sein. Kommt der Schwerpunkt somit schließlich nach S_1 senkrecht über B, so wird der Hebelarm $a = 0$, folglich das Moment $Ga = 0$ und somit auch $Hb = 0$, was nur möglich ist, wenn H selbst gleich Null wird. Das weitere Umwerfen, d. h. die Drehung des Körpers rechts vom Lot durch die Kante B, wird von der Schwerkraft allein besorgt.

Die Momente $G \cdot a$, $G \cdot a_1$, $G \cdot a_2$ usw. heißen die **Stabilitätsmomente** des Körpers im zugehörigen Augenblick der Drehung, das Moment $G \cdot a$ insbesondere heißt auch die **Anfangsstabilität** des Körpers. Gegenüber diesem in einem bestimmten Augenblick vorhandenen Stabilitätsmoment, dieser gewissermaßen **statischen Stabilität** (St) kann es aber von Wert sein, zu wissen, welche Arbeit aufgewendet werden muß, um den Körper aus der Lage mit einem bestimmten Stabilitätsmoment in die mit einem anderen Stabilitätsmoment überzuführen. Letztere gewissermaßen **dynamische Stabilität** ist besonders wichtig als Ausdruck der Arbeit, die nötig ist, um den Körper von der Ruhe in die Kippstellung überzuführen.

Die **dynamische Stabilität** (St_d) in diesem Sinne ist für den Körper nach Fig. 24 als Arbeit der Kraft G oder als Arbeit der Kraft H aufzufassen. Da das Gewicht G des Körpers sich während der Drehung gleich bleibt, so ist die Arbeit von G gleich

$$St_d = G \Sigma (\Delta y) = G \cdot h.$$

Die umwerfende Kraft H bleibt sich nicht gleich, sondern sinkt bis zum Werte Null. Aber man kann die Kraft H während eines kleinen Zeitteilchens als konstant betrachten und sie dann plötzlich abnehmen lassen, während ihr Hebelarm b um die Größe Δy plötzlich zunimmt. Die Kraft H muß daher auf eine Weglänge Δx das Moment Ga überwinden, auf das nächste Wegstück Δx das Moment Ga_1 usw., so daß man auch schreiben kann

$$St_d = \Sigma (St \cdot \Delta x),$$

mit Worten: Dynamische Stabilität = Summe der nacheinander zu überwindenden Stabilitätsmomente.

Wenn die Gleichung $St_d = Gh$ besagt: dynamische Stabilität = Gewicht mal Hubhöhe des Schwerpunkts, so braucht diese Hebung durchaus keine tatsächliche zu sein. Denn man könnte z. B. die feste Unterstützung der Kante B durch Federn ersetzen, die, während der Gegendruck von $\dfrac{G}{2}$ bis G wächst, zusammengedrückt würden, so daß S_1 mit S etwa gleich hoch bliebe. Dann erschiene eben h als Weg der Kante B nach unten, und die Hubarbeit Gh würde zur Zusammendrückungsarbeit für die Federn. Das alles ist belanglos, wenn man nur festhält: **Arbeit = Kraft mal Weg in der Richtung der Kraft.**

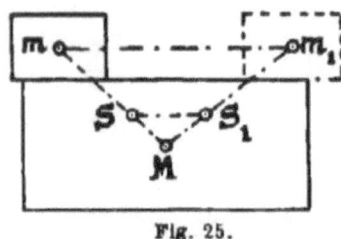

Fig. 25.

Aus der allgemeinen Mechanik können wir uns auch noch des Satzes erinnern (Fig. 25): Wenn S der Schwerpunkt der Masse $(M+m)$ ist, so rückt dieser, sobald die Masse m nach m_1 verschoben wird, parallel zur Verschiebungsrichtung nach S_1, und zwar um eine Strecke, die sich zum Weg der Masse m verhält wie die Masse m zur Gesamtmasse $(M+m)$.

Nach diesen vorbereitenden Bemerkungen betrachten wir jetzt den schwimmenden Kasten Fig. 26. Der Kasten tauche bis zur Wasserlinie WL ein. Der Schwerpunkt des verdrängten

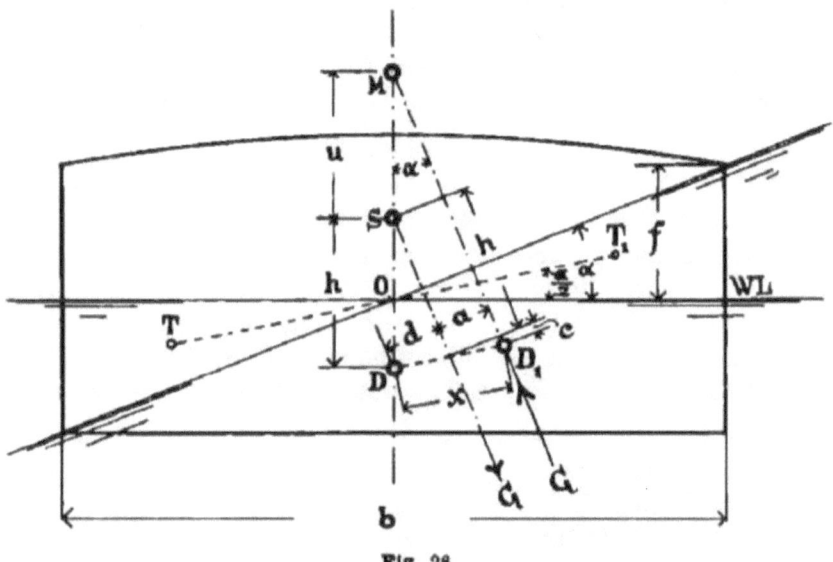

Fig. 26.

Wassers, auch »Déplacements-Schwerpunkt« oder »Formschwerpunkt« genannt, sei in D; der Schwerpunkt des Kastens selbst sei in S. Sonach wirkt in der Ruhestellung das Gewicht G in S lotrecht nach unten und der Auftrieb G in D lotrecht nach oben.

Drehen wir jetzt den Kasten um den Mittelpunkt O der Wasserlinie, so daß die rechte Wand um den Winkel α ins Wasser gedrückt und die linke Wand um den gleichen Betrag herausgehoben wird, so können wir diese Drehungsarbeit auch auffassen als die Verschiebungsarbeit des keilförmigen Wasserprismas mit dem Schwerpunkt T von links nach rechts bis T_1. Wenn die kleine Wassermasse q sich von T nach T_1 verschiebt, so muß der Schwerpunkt der Gesamtmasse $(Q + q)$ nach Fig. 25 sich parallel hierzu, also unter dem Winkel $\frac{\alpha}{2}$, von D nach D_1 verschieben um einen Betrag

$$x = \frac{\widehat{TT_1} \cdot q}{Q + q}.$$

Das in S angreifende Gewicht G des Kastens, ebenso wie der in D_1 angreifende Auftrieb, sind nun lotrecht zum neuen Wasserspiegel gerichtet, so daß das alte Lot oder die Mittellinie SD des Kastens vom neuen Auftrieb G in M getroffen wird. Auftrieb und Gewicht bilden somit ein Kräftepaar oder das der Neigung entsprechende Stabilitätsmoment

$$St = G \cdot a = Gu \cdot \sin \alpha.$$

Die Lage von M über dem Schwerpunkt S oder die Entfernung u ist von Bedeutung, weil die Strecke u direkt ein Maß für die Stabilität ist. Der Punkt M hat außerdem die Eigentümlichkeit, daß er für kleine Winkel immer an die gleiche Stelle fällt, wenn auch die Neigungen α und damit die Momente $G \cdot a$ sich ändern. Er bildet daher eine Art Zentrum und heißt deshalb das Metazentrum. Seine Höhe über S oder die Größe u wird metazentrische Höhe genannt. Der Name Metazentrum bleibt dem Punkte M aber auch dann noch, wenn er bei größeren Neigungen gegen S heranrückt, bis er schließlich mit S zusammenfällt, womit die Stabilität erschöpft ist.

Was die dynamische Stabilität anlangt, so läßt sich diese für die Neigung α, also für den Weg DD_1 parallel TT_1 und unter $\frac{\alpha}{2}$ zur Wasserlinie der Ruhe unmittelbar aus der Fig. 26 ablesen. Der neue Formschwerpunkt D_1 hat sich vom Horizont durch den Schwerpunkt S um die Strecke c entfernt, so daß der neue lotrechte Abstand $(h + c)$ ist. Folglich ist die Arbeit

$St_4 = G \cdot c$, oder in schon bekannten Größen ausgedrückt:

$$= G \cdot a \cdot \operatorname{tg} \frac{a}{2} = G \cdot u \cdot \sin a \cdot \operatorname{tg} \frac{a}{2} = St \cdot \operatorname{tg} \frac{a}{2}.$$

Damit ist für kleine Winkel (solange O Symmetrieachse bleibt) eine sehr einfache Beziehung zwischen statischer und dynamischer Stabilität gegeben.

Die Lage des Metazentrums läßt sich auch einfach auf rein rechnerischem Wege finden, was namentlich für Vorentwürfe mit gegebenen oder angenommenen Größen bequem ein Urteil über die zu erwartende Stabilität ermöglicht. Wie schon erwähnt, ist nach Fig. 26

$$\frac{DD_1}{TT_1} = \frac{q}{Q+q}.$$

Da nun der Schwerpunkt T oder T_1 der kleinen keilförmigen Wassermasse q, entsprechend dem dreieckigen Querschnitt mit der Spitze O in einem wagerechten Abstand von O liegt, der zwei Drittel der halben Breite des Kastens beträgt, so läßt sich DD_1 oder x auch im wagerechten Abstand von der Mittellinie ausdrücken in der Form:

$$x \cdot \cos \frac{a}{2} = \frac{2}{3} b \cdot \frac{\text{Wassermasse des Keils}}{\text{Wasserverdrängung des Kastens}};$$

oder wenn man statt der Massen die Gewichte nimmt, unter Voraussetzung einer Länge des Kastens $= l$ (senkrecht zur Papierfläche)

$$x \cdot \cos \frac{a}{2} = \frac{2}{3} b \cdot \frac{f \frac{b}{4} \cdot l \cdot \gamma}{G} = \frac{b^2}{6} \cdot \frac{b}{2} \operatorname{tg} a \frac{l \cdot 1}{G} = \frac{b^3 l}{12} \cdot \frac{\operatorname{tg} a}{G}.$$

Nun ist anderseits der Abstand des alten Formschwerpunkts D vom neuen Auftrieb durch D_1, also die Senkrechte von D auf MD_1 gleich $(a + d)$. Folglich

$$a + d = x \cdot \cos \frac{a}{2},$$

und da auch

$$a + d = (u + h) \sin a,$$

so ist

$$\frac{b^3 l}{12} \cdot \frac{\operatorname{tg} a}{G} = (u + h) \sin a.$$

Somit liegt das Metazentrum M über dem Formschwerpunkte D in einer Höhe

$$(u + h) = \frac{b^3 l}{12 \cdot G} \cdot \frac{\sin \alpha}{\cos \alpha \cdot \sin \alpha},$$

oder, da für kleine Winkel $\cos \alpha = 1$,

$$MD = \frac{b^3 l}{12 G}.$$

$\frac{b^3 l}{12}$ ist aber das Trägheitsmoment der wagerechten Schnittfläche des Kastens nach der Wasserlinie, bezogen auf die Symmetrieachse (Längsachse des Bootes); folglich Höhe des Metazentrums über Formschwerpunkt

$$= \frac{\text{Trägheitsmoment der Wasserlinie}}{\text{Wasserverdrängung}}$$

Will man also wissen, in welcher Höhe beim Drachen unseres Beispiels das Metazentrum liegt, wenn die Innenkanten der Schwim-

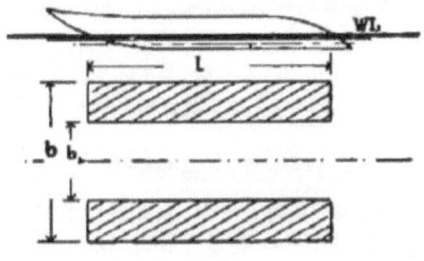

Fig. 27.

mer 1,5 m voneinander abstehen, so kann man sich alles Zeichnen sparen durch die Formel

$$(u + h) = \frac{l(b^3 - b_1^3)}{12 \cdot G},$$

Fig. 27, und da $G = 700$ kg einer Wasserverdrängung von 0,7 cbm entspricht,

$$u + h = \frac{3(2,5^3 - 1,5^3)}{12 \cdot 0,7} = \frac{12}{12 \cdot 0,7} = \frac{1}{0,7} = 1,43 \text{ m};$$

d. h. der Drache wäre noch nicht stabil.

Würde man die Schwimmer um 1 m weiter auseinanderrücken, so wäre

$$(u + h) = \frac{3 \cdot (3,5^3 - 2,5^3)}{12 \cdot 0,7} = 2,14 \text{ m}.$$

Da in unserem Beispiel $h = 1{,}6\,m$ ist, so ist nunmehr die Höhe des Metazentrums über dem Schwerpunkt

$$u = 2{,}14 - 1{,}6 = \infty\, 0{,}8\,\text{m}.$$

Um die **Anfangsstabilität** schwimmender Körper zu kennen, hat man kein so sinnfälliges Mittel wie mit dem Ausgangsdrehmoment Ga fester Körper nach Fig. 24. Aber man kann die **Winkelgröße der Neigung** in Betracht ziehen. Es ist nach früherem

$$St = G \cdot a = G\,u \cdot \sin \alpha.$$

Drücken wir u, die metazentrische Höhe, durch das Trägheitsmoment der Wasserlinie unseres Bootes oder unserer Schwimmer aus, so wird, da $u = MD - h$, wenn wir noch das Trägheitsmoment mit J bezeichnen,

$$St = G\,(MD - h)\sin \alpha = G\left(\frac{J}{G} - h\right)\sin \alpha = (J - Gh)\sin \alpha.$$

Die Anfangsstabilität wird also um so größer:
1. je breiter die WL ist (wächst mit b^3),
2. je höher der Formschwerpunkt D liegt,   ⎫ weil h
3. je tiefer der Maschinenschwerpunkt S liegt ⎬ kleiner wird),
4. je kleiner das Drachengewicht G wird.

Bei den Flugdrachen liegt der Schwerpunkt S stets so hoch, daß man gar nicht daran denken kann, mit einem einzigen mittleren Schwimmer oder fliegenden Boote mehr als eine knappe Stabilität für die Ruhe zu erhalten. Soll daher der Drache größeren seitlichen Gewichtsverschiebungen oder seitlichen Angriffen durch Wind und Wellen gewachsen sein, so müssen Schwimmerpaare (flotteurs en catamaran), Fig. 27, oder Hilfsschwimmer unter den Flügeln neben dem zentralen Hauptschwimmer angeordnet werden.

Legt man die Schwimmer eines Paares in genügender Entfernung voneinander, sagen wir z. B. in einen Achsenabstand unter sich von 3 m; so bilden die Versteifungen der Schwimmer mit dem Rumpfe wegen der einseitigen und wechselnden Angriffe (weil nie beide Schwimmer den gleichen Tiefgang in unruhigem Wasser haben) sehr kräftige, schwere und im Fluge starken Luftwiderstand hervorrufende Konstruktionen, so daß man den Schwerpunkt S des Drachen möglichst herabziehen muß. Der Flug erfordert, daß der Schwerpunkt des Drachen möglichst hoch liegt (vgl. Hofmann, Der Maschinenflug, S. 103). Also wird man den ganzen Bau der Höhe nach so zusammendrängen, daß der Propeller noch nicht in die Wellen einschneidet und die Flügel bei kleinen seitlichen Neigungen noch nicht ins Wasser tauchen.

Hätte der Drache unseres Beispiels für die Ruhe faltbare Flügel, und könnten wir seine Schwerpunktshöhe h (Fig. 28)

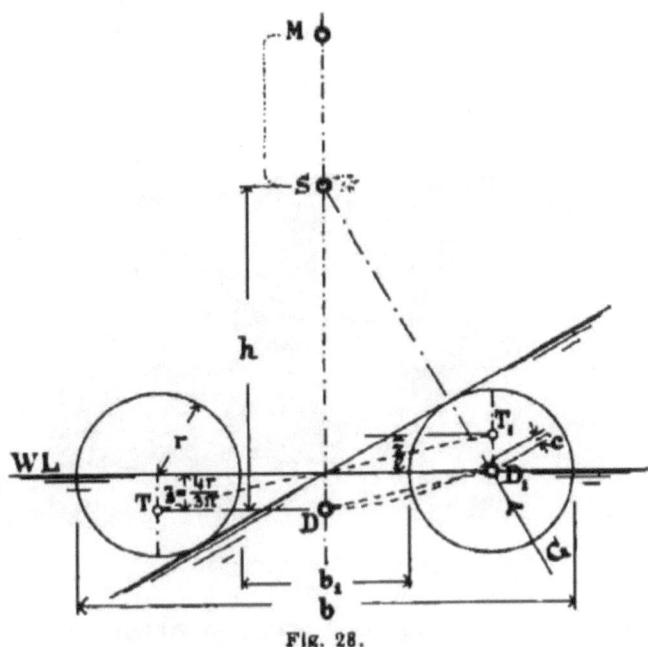

Fig. 28.

auf rd. 1,2 m ermäßigen, so würden zwei im wesentlichen zylindrische Schwimmer von 0,6 m Durchmesser, die mit einem gegenseitigen Abstand ihrer Achsen von nur 1,2 m verlegt wären, dem Drachen eine Neigung bis zu 30° rechts und links erlauben, wobei der eine Schwimmer ganz untertauchte, während der andere sich ganz aus dem Wasser höbe, ehe die Stabilität erschöpft wäre. Beträgt der eingetauchte Hauptspant 28,3 qdm, die mittlere Länge der Schwimmer $l = 25$ dm, so liegt das Metazentrum in einer Höhe

$$DM = \frac{J}{G} = \frac{(b^3 - b_1^3) \cdot l}{12 \cdot G} = \frac{(5832 - 216) \cdot 25}{12 \cdot 700} = 16,6 \text{ dm} = 1,66 \text{ m}$$

Das Metazentrum wandert vor dem Kentern bis zum Schwerpunkt S. In diesem Augenblick, wo die statische Stabilität gleich

Null wird, hat die dynamische Stabilität den Wert $G \cdot c = 700 \cdot 4 = 2800$ cm·kg erreicht. D. h. die Arbeit des Kenterns wäre in unserem Falle mit den enggestellten Schwimmern nicht größer als die, ein Gewicht von 28 kg 1 m hoch zu heben.

Hilfsschwimmer unter den Flügeln, wie z. B. bei Donnet-Lévêque (Fig. 29), gewährleisten natürlich eine sehr ergiebige Querstätigung. Rechnet man für jeden der kleinen Hilfsschwimmer

Fig. 29. Donnet-Lévêque.

$1/_{20}$ der Wasserverdrängung des Bootes, so gibt das bei 4 m Entfernung von der Mittellinie ein aufrichtendes Moment von z. B. $\frac{700}{20} \cdot 4 = 35 \cdot 4 = 140$ mkg.

Nimmt man für den Donnet-Lévêque-Drachen das Oberdeck etwa zu 12 qm und 10 m Länge, das Unterdeck zu 8 qm und 8 m Länge so ist unter Voraussetzung einer Querneigung auf dem Wasser von 6° der auf der Luvseite oder Windseite die Flügel hebende Druck

$$V = \varphi \cdot \frac{1}{8} \cdot F \cdot v^2 \cdot \sin \alpha \quad \left(\text{wieder } \sin \alpha = \frac{\sin 2\alpha}{2} \text{ gesetzt}\right).$$

Ist φ für hohle Tragflächen wie für die Blériot-Flügel $= 3$, so ist

$$V = 3 \cdot \frac{1}{8} \cdot 10 \cdot v^2 \cdot 0{,}1 = \frac{3}{8} v^2.$$

Setzt man nun das Moment des Winddrucks von der Luvseite gleich dem Moment des Hilfsschwimmers von der Leeseite, so ist

$$\frac{3}{8} v^2 \cdot \frac{4,5}{2} = 140 \text{ m} \cdot \text{kg}.$$

Somit würde der Drache, gegen Seegang geschützt, in einem Seitenwind liegen können von

$$v = \sqrt{\frac{140 \cdot 8 \cdot 2}{3 \cdot 4,5}} = \sqrt{166} = \sim 12,8 \text{ m/Sek.}$$

Leider beeinflussen diese weit von der Mittellinie des Drachen abliegenden Hilfsschwimmer beim Anlauf zum Abflug oder bei der Wasserung in zu roher Weise die Steuerung, wenn der eine Flügel sich bis zur Berührung der Wasseroberfläche nähert, oder wenn eine schräg laufende Welle einen Schwimmer faßt. Aus diesem Grunde hat Breguet die Hilfsschwimmer mitten unter die Unterflügel gesetzt, also an den Rumpf herangerückt. Damit wird das störende Moment wohl im Hebelarm gebessert, aber kaum im ganzen. Denn näher am Rumpf liegende Hilfsschwimmer müssen, wenn sie für die Stätigung wirken sollen, auch wieder größer sein. Auch sind die Wasserstöße fühlbarer, weshalb Breguet diese Hilfsschwimmer federnd und schwingbar einrichtete. Vgl. Fig. 50.

4. Hauptstück.
Windseen und Dünung.

Es gibt verschiedene Arten der Entstehung von Wellen, welch letztere sich dementsprechend auch verschieden verhalten. Uns beschäftigt nur diejenige Störung des Gleichgewichts einer ruhigen Wasseroberfläche, die durch Wind hervorgerufen ist. Hierbei können Wind und Wellen gleichzeitig auftreten; oder die Wellen können nach Aufhören des Windes allmählich abflachend noch stundenlang weiterlaufen; oder sie können auch einem Sturm voranlaufen, wenn das Gebiet niederen Luftdrucks sehr ausgeprägt und die Geschwindigkeit des »Tiefs« gegenüber der Wellengeschwindigkeit klein ist.

In allen diesen Fällen sind die Wellen kein Mittel, um Wassermassen von einem Ort an einen anderen zu verbringen, sondern nur Formänderungen oder Schwingungserscheinungen der ruhenden Wassermasse. Insbesondere haben die Physiker Weber durch dem Wasser beigemischte Bernsteinstücke seinerzeit bewiesen, daß die Bahnen der an der Oberfläche liegenden Wasserteilchen Kreise in der Richtung des Fortschreitens einer Welle bilden, daß also eine Welle um ihre ganze Länge fortschreitet, während irgendein im Gebiet der Welle liegendes Wasserteilchen nach Beschreiben eines Kreises vom Durchmesser der Wellenhöhe wieder an seinen alten Platz zurückkehrt.

Der Vorgang läßt sich mit dem Eisenlohrschen Apparat bequem zeigen (Fig. 30). Zwei kasten- oder T-förmig zusammengefügte Bretter tragen eine Reihe von gleichgestellten und durch einen Stab s mit Handgriff k vereinigten Kurbeln, deren auf der Schauseite liegenden Arme so gestellt sind, daß jeder gegen seinen Nachbar um den gleichen Winkel verdreht erscheint. Bei 12 auf eine Wellenlänge herausgegriffenen und durch Glaskugeln versinnbildlichten Wasserteilchen steht also z. B. 1 lotrecht unter seiner Kurbelachse, 2 unter 30° dazu nach rechts, 3 unter 60°, 4 unter 90° oder wagerecht usw. bis zum Beginn der neuen Welle mit 1 wieder lotrecht unter seiner Kurbelachse. Dreht man jetzt in der Pfeilrichtung von 1 den Handgriff k um 30°, so kommt 1 um 30° nach

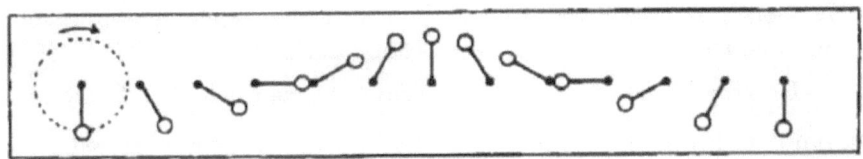

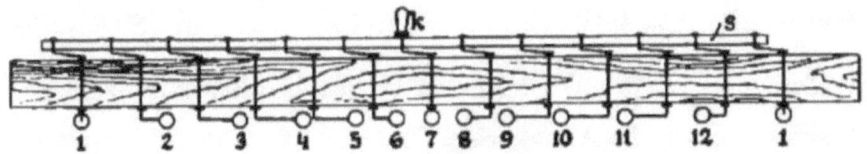

Fig. 30. Wellenlehre von Elsenlohr.

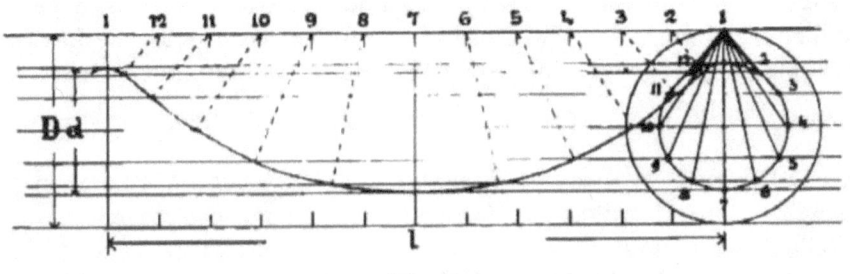

Fig. 31.

links, 2 lotrecht unter seine Kurbelachse, 7 um 30° nach rechts, 8 lotrecht über seine Kurbelachse usw. Während also alle Kugeln wie 1 Kreise um ihre Kurbelachsen beschreiben, läuft die durch die Kugeln 1 bis 12 dargestellte Welle selbst um ihre ganze Länge nach rechts.

Die Profile der Wellen sind Radlinien oder Trochoïden. Ein bestimmtes Verhältnis der Wellenhöhe d zur Wellenlänge l (Fig. 31) läßt sich nicht feststellen. Es wird beeinflußt durch die Schwere des Wassers, durch die Streckenlänge, die den Wellen einen ungestörten Verlauf bietet, durch den Charakter bestimmter Winde (Mistral), vor allem aber durch die Tiefe des Wassers, über das die Wellen laufen; denn die durch Fig. 30 erläuterte Kreisbewegung der Wasserteilchen beschränkt sich nicht auf die Oberfläche, sondern geht, in den Radien kleiner werdend, weit in die Tiefe und wandelt sich im seichten Wasser in eine Bewegung nach flach liegenden Ellipsen. Schon in Landseen kann ein Wellengang von vielleicht 1 m Höhe den in 20 m Tiefe liegenden schlammigen Grund so aufwühlen, daß das sonst ganz klare Wasser getrübt wird.

Im allgemeinen wird man der Wahrheit ziemlich nahe kommen, wenn man für Windseen $\frac{d}{l} = \frac{1}{20}$ und für in Windstille verlaufende Dünung $\frac{d}{l} = \frac{1}{30}$ setzt. Das Mittelmeer ist berüchtigt durch kurze Wellen bis $\frac{d}{l} = \frac{1}{10}$. Die höchsten Wellen im Mittelmeer sind beobachtet zu 4 m, im Atlantischen Ozean zu 10 m, im Stillen Ozean wohl zu 13 m.

Legt man den Flugdrachen eine bestimmte Stärke des Seegangs, den sie aushalten sollen, zugrunde, so kann man nach vorstehendem immer das Wellenprofil darstellen, wenn man die Länge der Welle $l = D \cdot \pi$, das ist gleich dem Umfang der rollenden Scheibe setzt, während ein vom Kern der Scheibe um $\frac{d}{2}$ abstehender Punkt die Wellenlinie beschreibt. Man zeichnet also in die Scheibe vom Durchmesser D einen Kreis vom Durchmesser der Wellenhöhe d, teilt diesen etwa in zwölf gleiche Bögen und zieht vom höchsten Punkte *1* des Rollkreises Strahlen nach den Punkten *1* bis *12* des kleinen Kreises. Hat man den abgewickelten Umfang des Rollkreises, d. i. l in die gleiche Anzahl Stücke geteilt und parallel zur Rollbahn die Linien $\overline{1\,1}$, $\overline{2\,12}$, $\overline{3\,11}$ usw. gezogen, so bilden deren Treffpunkte mit den zugehörigen Parallelen zu den Strahlen *2, 3, 4* usw. das Profil der Welle. Die Strahlen selbst stehen senkrecht auf der erzeugten Kurve.

Nun müssen wir noch wissen, in welcher Zeit t sich die Welle um die Länge l weiterschiebt, d. i. die Schwingungszeit oder die »Periode«. Die Beziehungen zwischen der Wellenlänge l in Metern, der Periode t in Sekunden und der Geschwindigkeit,

— 37 —

Windseen.

Versuch Nr.	Datum	Geograph. Breite	Geograph. Länge	Wind Richtung	Wind Stärke 0—12	Seegang Richtung	Seegang Stärke 0—9	Geschwindigkeit v in $\frac{m}{Sek.}$	Länge l in m	Periode t in Sek.	Höhe d in m	Bemerkungen des Beobachters
3	14/8. 92	11° S	10° W	SE z. S	5	SO z. S	4—5	7,8	37,5	5,0	1,8—2	Frischer Passat. Für das Passatgebiet typischer Seegang
8	2/7. 92	17° S	72° O	ESE	8—9	SO z. O³/₄ O	7	14,7	130,4	8,8	7—8; nach Aneroid 6,2	Sehr stürmischer aber beständiger Passat

Dünungen.

Versuch Nr.	Datum	Geograph. Breite	Geograph. Länge	Wind Richtung	Wind Stärke 0—12	Seegang Richtung	Seegang Stärke 0—9	Geschwindigkeit v in $\frac{m}{Sek.}$	Länge l in m	Periode t in Sek.	Höhe d in m	Bemerkungen des Beobachters
4	28/8. 92	9° N	25° W	—	0	N¹/₄ O	4	13,6	106,0	7,4	2	Dünung aus NO-Passatgebiet
6	3/7. 92	19° S	68° O	—	0	O¹/₂ S	6	14,8	140,2	9,5	6; nach Aneroid 6,6	Zu der Windstille höchst lästige Dünung. Schiff rollt schwer, die Segel schlagen. Typische See des Süd-Atlantik (Kalmen an der Afrikan. Küste)
7	8/8. 92	19° S	0° L	E z. S	5	SW z. W	5	17,4	174	10,0	4; nach Aneroid 5,8	Sehr schöner Passat, der stürmische Wind war zu einer frischen Brise abgeflaut.

mit der die Welle fortschreitet, v in Metern auf die Sekunde, sind durch die Gerstnerschen Formeln gegeben:

$$v = \begin{cases} = \sqrt{\dfrac{g}{2\pi} \cdot l} \\ = \dfrac{g}{2\pi} \cdot t \end{cases} \quad l = \begin{cases} = \dfrac{2\pi}{g} \cdot v^2 \\ = \dfrac{g}{2\pi} \cdot t^2 \end{cases} \quad t = \begin{cases} = \sqrt{\dfrac{2\pi}{g} \cdot l} \\ = \dfrac{2\pi}{g} \cdot v \end{cases}$$

Mit den so berechneten Werten stimmen die direkt beobachteten Werte sehr gut überein, die Dr. Schott 1891 und 1892 an Bord der Bremer Segelschiffe »Robert Rickmers« und »Peter Rickmers« gewonnen hat und die in vorstehender Tabelle, deren Kenntnis ich Herrn Geh. Reg.-Rat Prof. Flamm verdanke, zusammengestellt sind.

Betrachten wir jetzt einen Wasserdrachen im Anlauf gegen Wind und Wellen gerade in dem Augenblick, in dem er auf dem

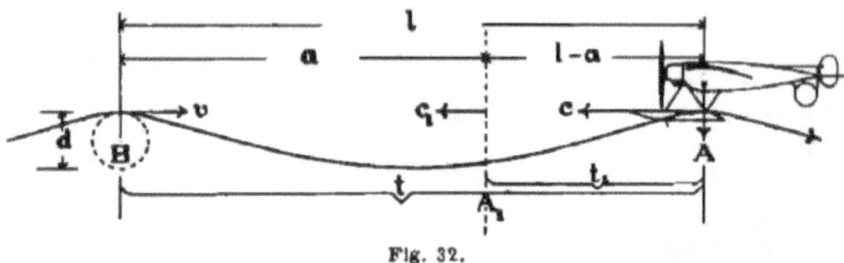

Fig. 32.

Wellenscheitel A (Fig. 32) steht. Der Drache habe bei A eine Geschwindigkeit c und bewege sich mit gleichförmiger Beschleunigung vorwärts. In welcher Zeit t_1 und mit welcher Geschwindigkeit c_1 und in welcher Entfernung von A wird ihm der Wellenscheitel B begegnen?

Wenn der Drache sich von c auf c_1 beschleunigt hat, so hat er nach Fig. 3 in der Zeit t_1 den Weg zurückgelegt

$$s = \frac{c + c_1}{2} t_1 = l - a,$$

oder wenn man den Weg s nur durch die Anfangsgeschwindigkeit c, die Zeit t_1 und die erreichte Beschleunigung ausdrücken will, so ist, da

$$p = \frac{c_1 - c}{t_1}; \quad c_1 = p t_1 + c,$$

$$s = \frac{c + p t_1 + c}{2} \cdot t_1 = c t_1 + \frac{p t_1^2}{2} = l - a = l - t_1 v,$$

weil ja die Welle mit der gleichförmigen Geschwindigkeit v dem Drachen entgegenläuft, also in der Zeit t_1 den Weg $t_1 v$ gemacht haben muß.

Ordnet man die letzte Gleichung nach t_1, so erhält man

$$t_1^2 + \frac{2}{p}(c+v)t_1 = \frac{2}{p}l$$

und somit

$$t_1 = -\frac{c+v}{p} \pm \sqrt{\left(\frac{c+v}{p}\right)^2 + \frac{2l}{p}}.$$

Beginnt der Drache seinen Anlauf gerade, wenn er über einem Wellenscheitel steht, ist also $c = 0$ und die Beschleunigung p vielleicht $= 3$ m i. d. Sek., die Geschwindigkeit der Wellen selbst

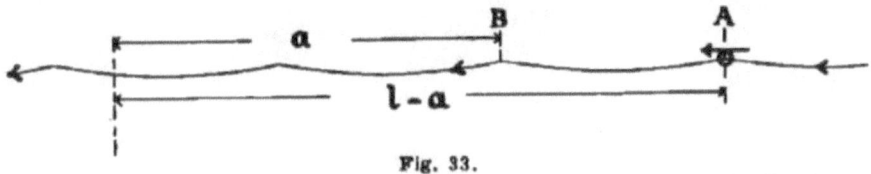

Fig. 33.

$v = 10$ m/Sek., ihre Schwingungszeit $t = 6$ Sekunden, die Wellenlänge $= 60$ m, so ist

$$t_1 = -\frac{v}{p} \pm \sqrt{\left(\frac{v}{p}\right)^2 + \frac{2l}{p}} = -\frac{10}{3} \pm \sqrt{\left(\frac{10}{3}\right)^2 + \frac{120}{3}} = -\frac{10}{3} \pm \frac{21{,}4}{3}$$

$$= \begin{cases} +\dfrac{11{,}4}{3} = 3{,}8 \text{ Sek.} \\ -\dfrac{31{,}4}{3} = -10{,}5 \text{ Sek.} \end{cases}$$

Der erste Wert gibt die Zeit nach Fig. 32, die bis zur Begegnung mit der Welle von B verstreicht, somit den Weg der Welle B:

$$a = t_1 \cdot v = 3{,}8 \cdot 10 = 38 \text{ m}; \quad l - a = 22 \text{ m}.$$

Der zweite Wert gibt die Zeit nach Fig. 33, in der der Drache die Welle B einholt, wenn die Wellen in der gleichen Richtung laufen wie der Drache:

$$a = -10{,}5 \cdot 10 = -105 \text{ m}; \quad l - a = l - (-105) = 60 + 105 = 165 \text{ m}.$$

Dieser zweite Wert ist praktisch ohne jede Bedeutung, zunächst schon weil die Voraussetzung eines gleichförmig beschleunigten Anlaufs für solche Entfernung auch nicht annähernd mehr zutrifft, ferner, weil schon lange vorher die nötige Abfluggeschwindigkeit erreicht wird, und endlich, weil es falsch wäre, mit dem Winde anzulaufen.

In der Dünung ohne Wind kann der Anlauf mit den Wellen allerdings nur Vorteile bringen.

Nehmen wir wieder den Fall, daß der Drache seinen Anlauf gerade auf einem Wellenscheitel beginnt, dann kann man fragen: in welcher Zeit t_{II} und in welcher Entfernung holt der Drache seine eigene Welle, die in dem Augenblick, als er sich in Bewegung setzte, unter ihm weglief, wieder ein?

Aus der Gleichsetzung der Entfernungen

$$s_{II} = v t_{II} \text{ für die Welle}$$
$$s_{II} = \frac{p t_{II}^2}{2} \text{ für den Drachen.}$$

ergibt sich

$$t_{II} = \frac{2v}{p},$$

oder für unser Beispiel

$$t_{II} = \frac{2 \cdot 10}{3} = 6{,}7 \text{ Sek.,}$$
$$s_{II} = 10 \cdot 6{,}7 = 67 \text{ m}$$

und die Geschwindigkeit

$$c_{II} = p t_{II} = 3 \cdot 6{,}7 = 20 \text{ m/Sek} (= 2 \cdot v).$$

Der Drache sinkt daher beim Anlauf mit der Dünung, dem Wasserspiegel entsprechend, in das Wellental, hat aber beim ersten Wellenkamm, den er trifft (einholt), die günstige Gelegenheit, **vom erhöhten Standort abzufliegen**, falls er nicht schon vorher abgeflogen sein sollte.

Gegen die Wellen anlaufend erreicht der Drache in der Dünung beim ersten begegnenden Wellenkamm die Geschwindigkeit

$$c_1 = p t_1 \text{ oder für unser Beispiel } c_1 = 3 \cdot 3{,}8 = 11{,}4 \text{ m/Sek.}$$

Diese Geschwindigkeit ist zum Abflug ohne Gegenwind noch zu klein, aber groß genug, um den Drachen vom Wasserspiegel zu trennen und im Gleitflug das nächste Wellental überschreiten zu lassen. Wenn er nun mit der gleichen Beschleunigung weiter läuft, so trifft er den zweiten Wellenkamm in der Zeit

$$t_2 = -\frac{c_1+v}{p} \pm \sqrt{\left(\frac{c_1+v}{p}\right)^2 + \frac{2l}{p}}$$

$$= -\frac{11{,}4+10}{3} \pm \sqrt{\left(\frac{11{,}4+10}{3}\right)^2 + \frac{2\cdot 60}{3}} = -7{,}13 \pm 9{,}53 \text{ Sek.}$$

Die Geschwindigkeit beträgt dann für den Pluswert

$$c_2 = c_1 + p\,t_2 = 11{,}4 + 3\cdot 2{,}4 = 18{,}6 \text{ m/Sek.}$$

Die Maschine fliegt also in der Dünung gegen die Wellen jedenfalls beim zweiten Wellenscheitel ab. Den Minuswert der letzten Gleichung braucht man nach dem zu Fig. 33 Gesagten nicht in Betracht zu ziehen.

Gegen Wellen und Wind fliegt der Drache bei der Geschwindigkeit $c_1 = 11{,}4$ m/Sek. zum Wasser ebenfalls vom ersten Wellenscheitel ab, wenn der Wind selbst mit etwa 5 m/Sek. weht.

Mißlich wird nur der ganze Abflug, wenn die Windrichtung und die Wellenrichtung beträchtlich verschieden sind. Jeder Drache muß seine vertikalen Flächen, Kielflächen, Seitensteuer, in solcher Anordnung zum Schwerpunkt haben, daß er sich von selbst gegen den Wind oder strömendes Wasser einstellt. Anderseits suchen in der Dünung langgestreckte Schwimmkörper sich parallel den Wellenkämmen zu richten. Man wird also je nach Seegang und Windstärke bei der Frage, ob man gegen den Wind oder gegen die Wellen laufen soll, das kleinere Übel wählen, oder zwischen beiden vermitteln. Im allgemeinen wird man mit Schwimmerpaaren gegen die Wellen laufen, weil bei schräger Fahrt gegen die Wellen die Schwimmer abwechselnd unterschneiden. Mit fliegenden Booten kann man mehr gegen den Wind laufen, weil ein schräges Anschneiden der Wellen nicht schadet. Dies ist auch der Grund, warum Boote den Doppelschwimmern beim Wassern überlegen sind.

Die größere Querstabilität, die Wasserdrachen mit Schwimmerpaaren gegenüber solchen mit Mittelschwimmern (fliegendem Boot) besitzen, wird direkt zu einem Mangel für die Ruhelage der Drachen in der Dünung. Während das Boot den rasch aufeinander folgenden Wasserstößen, die es zum Pendeln zu bringen suchen, seine Trägheit entgegensetzt, müssen die Schwimmer eines Paares den Bewegungen der Wellen zum größten Teil wirklich folgen, wodurch die Festigkeit des ganzen Gefüges stark in Anspruch genommen wird, unter Umständen sogar leiden kann.

Lassen wir den Einfluß der Pendelungen auf das Untergestell der Maschine, obwohl er erheblich ist, ganz beiseite, und betrachten wir nur das Verhalten ausgestreckter Flügel für den in der Dünung ruhenden Drachen. Nehmen wir nach Fig. 34 zunächst eine kurze Welle von 1,2 m Höhe, 12 m Länge nach links laufend, so daß ein gerade im Wellental stehender Drache von dem von rechts her kommenden Wellenberg gehoben und nach links geneigt wird.

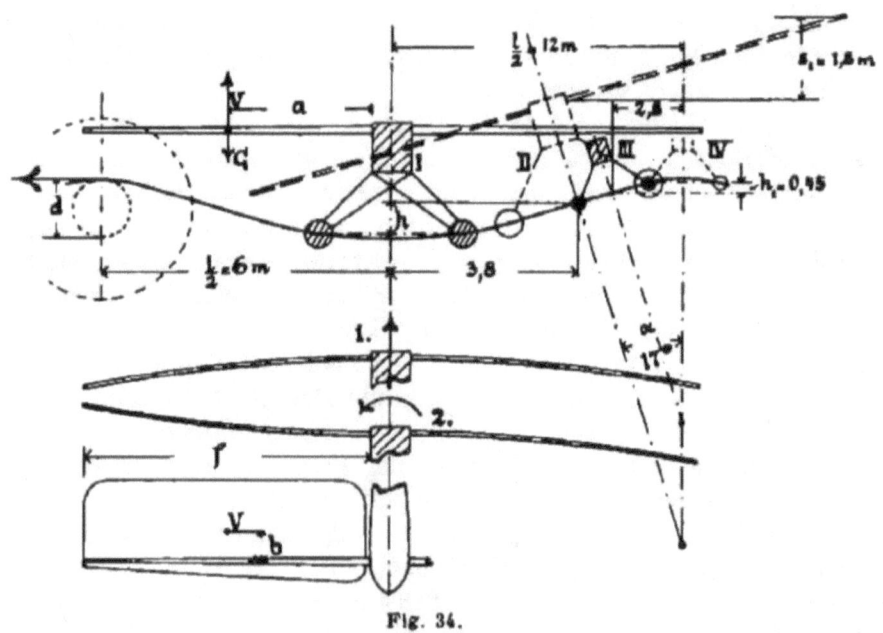

Fig. 34.

Nehmen wir ferner an, die Drachenflügel hätten keinerlei Verspannung, sondern würden von einer einzigen nahe der vorderen Flügelkante liegenden Röhre aus Gußstahlblech getragen. Geben wir den Flügeln eine Festigkeit, daß sie unter der fünffachen Belastung von V, also unter $5 \cdot 350 = 1750$ kg, die Elastizitätsgrenze noch nicht überschreiten, so würde für die Flügelschulter ein Röhrenquerschnitt von außen 20 cm und innen 19,1 cm Durchmesser genügen; denn das Trägheitsmoment der als Flügelträger dienenden Röhre wäre

$$J = \frac{\pi}{4}(R^4 - r^4) = \frac{22}{7 \cdot 4}(10000 - 8308) = 1331 \text{ cm}^4$$

und das Widerstandsmoment wäre
$$W = \frac{\pi}{4 \cdot R}(R^4 - r^4) = \frac{1331}{10} = 133 \text{ cm}^3.$$

$\frac{1}{4}$ davon ab für Nietlöcher, bleibt
$$W = 133 - \frac{133}{4} = 133 - 33 = 100 \text{ cm}^3.$$

Der Röhrenquerschnitt selbst ist an der Einspannungsstelle $F = 28$ qcm.

$\frac{1}{4}$ davon ab für Nietlöcher, bleibt $F = 28 - \frac{28}{4} = 21$ qcm.

Die Beanspruchung für den Flug ist
$$\sigma = \sqrt{\left(\frac{\text{Biegungsmoment}}{\text{Widerstandsmoment}}\right)^2 + \left(\frac{\text{Abscherungskraft}}{\text{Querschnitt}}\right)^2}$$

oder da
$$a = \frac{1}{2} f = 300 \text{ cm},$$
$$b = 70 \text{ cm},$$
$$\sigma_{\text{Flug}} = \sqrt{\left(\frac{1750 \cdot 300}{100}\right)^2 + \left(\frac{5}{4} \cdot \frac{1750 \cdot 70}{10 \cdot 21}\right)^2}$$
$$= \sqrt{5250^2 + 730^2} = 5300 \text{ kg/qcm}.$$

Für die beispielsweis genommene Welle wäre die Periode
$$t = \sqrt{\frac{2\pi}{g} \cdot l} = \sqrt{\frac{2 \cdot 22}{7 \cdot 10} \cdot 12} = \sqrt{7{,}56} = 2{,}75 \text{ Sek.}$$

Um den Drachen, Fig. 34, aus der Stellung I in die Stellung II überzuführen, verstreichen $t_1 = \frac{3{,}8}{12} \cdot 2{,}75 = 0{,}87$ Sek.

Da der Weg der Hebung $h = 0{,}65$ m ist, so ist die Beschleunigung der Hebung
$$p = \frac{2h}{t_1^2} = \frac{1{,}30}{0{,}87^2} = 1{,}8 \text{ m/Sek}^2.$$

In der gleichen Zeit dreht sich die Flügelspitze um
$$s_1 = fa = 6 \cdot 0{,}3 = 1{,}8 \text{ m}.$$

Folglich ist deren Beschleunigung
$$p_1 = \frac{2s_1}{t_1^2} = \frac{3{,}6}{0{,}75} = \sim 5 \text{ m/Sek}^2.$$

Der Flügelträger erfährt sonach durch die Welle eine Hebung, die ihn nach 1. Fig. 34 zu biegen versucht, wobei jede Längeneinheit des Trägers (da die Biegung ja praktisch nicht sichtbar ist) die gleiche Beschleunigung p erhält. Daher erhält auch der Schwerpunkt des Trägers oder der Angriffspunkt der Kraft G die Beschleunigung p; und die Hebung des Trägers um h läßt sich auffassen als erfolgt durch eine Kraft, die der gleich ist, die ihn wie in 1. gezeigt, nach unten zu biegen sucht, das ist, da allgemein

$$\text{Kraft} = \text{Masse mal Beschleunigung} = \frac{\text{Eigengewicht } G}{g} \cdot p.$$

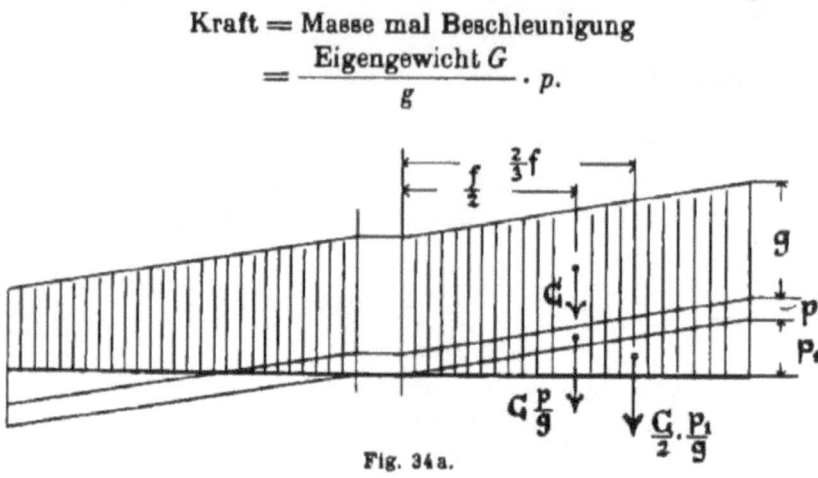

Fig. 34a.

In gleicher Weise läßt sich die Drehung des Trägers auffassen. Nur erfährt hier nicht jede Längeneinheit die gleiche Beschleunigung, sondern die Schulter erfährt Null, und die Flügelspitze p_1. Während die Belastung nach 1. sich als ein Rechteck aus der über die Flügellänge f gleichmäßig verteilten Masse und der Beschleunigung p darstellte, bildet die Belastung nach 2. ein mit der Spitze an der Flügelschulter liegendes, außen die Beschleunigung p_1 zeigendes Dreieck. Diese Belastung ist also $= \frac{G}{2} p_1$, ihr Angriffspunkt liegt in der Entfernung von der Schulter $= \frac{2}{3} f$, und die Kraft, welche jeden Träger nach 2. biegt, ist $\frac{G}{2g} \cdot p_1$

Die beiden Beanspruchungen nach 1. und nach 2. treten zu gleicher Zeit auf. Ihre Wirkungen rechnen sich daher einfach zusammen. Dazu kommt aber noch die Wirkung des Eigengewichts der Träger, die dem Belastungsfall 1. entspricht, nur mit dem Unterschied, daß die Beschleunigung $= g$ ist. In der Fig. 34a sind die drei Belastungen für den Übergang des Drachen aus Stellung *I* nach Stellung *II* der Fig. 34 zusammengetragen.

Die drei Belastungen haben zur Voraussetzung, daß der Träger eine ihnen entsprechende Durchbiegung schon vorher erfahren hatte, oder daß sie allmählich aufgebracht wurden. Wenn z. B. der Träger (Fig. 35) unter der Last G sich um die Höhe δ durchbiegt,

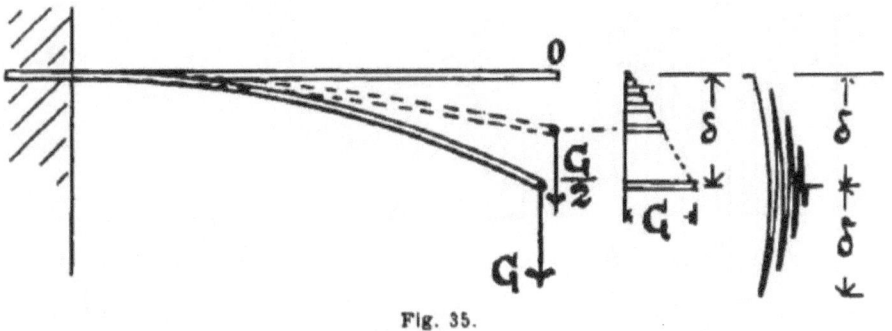

Fig. 35.

so können wir bei voller Federkraft annehmen, daß $\frac{1}{10} G$ ihn um $\frac{1}{10} \delta$ durchgebogen hat, ebenso $\frac{1}{2} G$ um $\frac{1}{2} \delta$; und die Arbeit der Kraft G ist das Dreieck aus G und δ, d. i. $= \frac{G}{2} \delta$. Wird aber die Last G nicht allmählich sondern plötzlich aufgebracht, so wird die Arbeit $= G \cdot \delta$, also das Doppelte von vorhin. Der Endpunkt des Trägers beschleunigt sich von 0 bis δ, kann also in der Tiefe δ nicht halt machen, sondern muß weiterschwingen bis 2δ. Dort hat der Träger eine Federspannung entsprechend $2 G$. Er muß also zurückschwingen, und dieses Spiel wiederholt sich, mehr und mehr abgedämpft, bis er in seiner Gleichgewichtslage, um δ durchgebogen, zur Ruhe kommt.

Für die in der Dünung liegenden Drachen mit ihren in Bruchteilen einer Sekunde erfolgenden Richtungsänderungen der Flügel haben wir daher die Schwingungserscheinungen nach Fig. 35 zu berücksichtigen und alle Kräfte G zu verdoppeln.

Dann unterliegt der rechtsstehende Flügelträger beim Übergang aus Stellung *I* in Stellung *II* (Fig. 34) einem Moment

$$M = 2\left[\left(60\,\frac{1,8}{10} + 60\right)300 + \frac{60}{2}\cdot\frac{5}{10}\cdot 400\right]$$
$$= 2\left[(14,8 + 60)\,300 + 15\cdot 400\right] = 2\left[22400 + 6000\right] = 56800\,\text{cm}\cdot\text{kg}.$$

Somit
$$\sigma_1 = \frac{M}{W} = \frac{56800}{100} = 568\ \text{kg/qcm}.$$

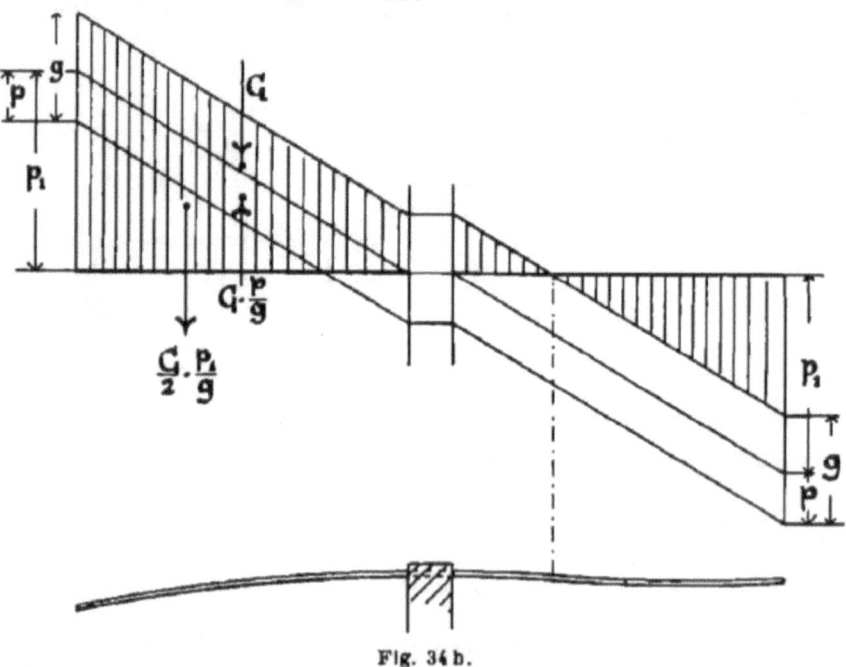

Fig. 34 b.

Betrachten wir die Welle nach Fig. 34 als im halben Maßstab gezeichnet, d. h. mit einer Länge $l = 24$ m, Höhe $d = 2,4$ m, demzufolge einer Periode

$$t = \sqrt{\frac{2\pi}{g}\,l} = \sqrt{\frac{2\cdot 22}{7\cdot 10}\cdot 24} = 3,9\ \text{Sek.},$$

so ist die Zeit, um den Drachen aus der Stellung *III* in die Stellung *IV* überzuführen,

$$t_1 = \frac{3,9\cdot 2,8}{24} = 0,455\ \text{Sek.}$$

Da die Hebung $h_1 = 0{,}45$ m ist, so ist die Beschleunigung
$$p = -\frac{2h_1}{t_1^2} = -\frac{0{,}90}{0{,}2} = -4{,}5 \text{ m/Sek.}^2;$$
und für die Drehung ist
$$p_1 = -\frac{2 \cdot 1{,}8}{0{,}2} = -18 \text{ m/Sek.}^2$$

Durch die Verzögerung p suchen beide Flügelträger sich nach oben zu biegen; durch die Umfangsbeschleunigung p_1 sucht sich der rechte Flügelträger nach oben, der linke nach unten zu biegen. Die Überführung des Drachen von *III* nach *IV* gibt also das Kräftebild der Fig. 34b, wonach der links gezeichnete Flügel hauptsächlich beansprucht wird. Für ihn ist

$$M = 2\left[\left(-60\,\frac{4{,}5}{10} + 60\right)300 + \frac{60}{2} \cdot \frac{18}{10} \cdot 400\right]$$
$$= 2[(-27 + 60)\,300 + 54 \cdot 400] = 2[9900 + 21600] = 63000 \text{ cm} \cdot \text{kg}.$$

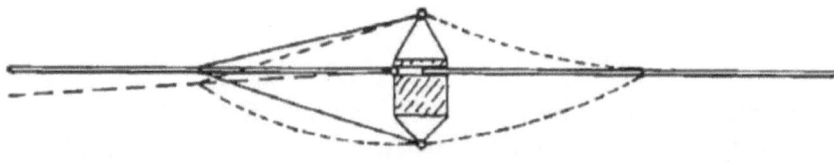

Fig. 36.

Somit
$$\sigma_1 = \frac{M}{W} = \frac{63000}{100} = 630 \text{ kg/qcm}.$$

Die Beanspruchung der Flügelträger durch die Dünung bleibt sonach in mäßigen Grenzen, wenn man beim Bau schon darauf Rücksicht nimmt. Dies gilt namentlich für Flügel mit Drahtseilverspannungen. Ist der Druckgurt des Flügels wie in Fig. 36 links mit Schultergelenk an den Rumpf angeschlossen, so schadet es wenig, wenn die Drachen in der Dünung liegend durch das fortwährende Hin- und Herzerren die Drahtseile gelängt haben. Wenn aber die Druckgurte der Flügelträger, wie in Fig. 36 rechts, in Röhren des Rumpfes eingesteckt sind, dann kann allerdings leicht ein unscheinbarer Anbruch entstehen, der bei einer der im Flug möglichen hohen Belastungen (Kurvenfahren, Aufbäumen bei der Landung u. dgl.) die Zerstörung des Flügels und damit in der Regel auch die der ganzen Maschine herbeiführt.

5. Hauptstück.
Einrichtungen an Wasserdrachen für den Landverkehr.

Ein Wasserdrache, der befähigt sein soll, auch auf festen Boden im Gleitflug niederzugehen und von festem Boden abzufliegen, muß Räder haben, auf denen er laufen kann. Diese Lösung erscheint so einfach, daß man sich wundern müßte, wenn nicht jedermann gleich darauf gekommen wäre. Wo man aber einen Landdrachen mit Schwimmern ausrüstete, oder einem Wasserdrachen Räder gab, da merkte man gleich, daß etwas nicht stimmte. Entweder gelang der Abflug vom Wasser gar nicht oder nur unter Einsatz einer außergewöhnlich hohen Motorleistung. Da man für den Mehrbedarf an Motorstärke das Mehrgewicht des Fahrradgestells, obwohl es nicht unbeträchtlich ist, doch nicht haftbar machen konnte, so kam man zu der Ansicht, daß die Fahrräder einen ungewöhnlich hohen Widerstand im Wasser erfahren müßten und stellte daher die Forderung auf, die Räder aushebbar zu machen. Das Mittel half, und mit »post hoc, ergo propter hoc« wird auch auf nicht medizinischem Gebiet gedoktert.

Nun ist ja klar, daß der Widerstand im Wasser wirklich hoch wird, wenn man etwa Speichenräder statt glattwandiger Scheibenräder nimmt und das Gestell selbst sperrig ausführt, so daß eine Anzahl von Streben oder Röhren quer zur Fahrrichtung stehen. Wo aber diese besonderen Erschwerungsgründe fehlen, da bilden, wie in Hauptstück 1 zu Fig. 2 und 4 erläutert, nicht die Laufräder, sondern die Schwimmer den Grund für die Schwierigkeiten des Abflugs.

Insbesondere kann man aus der Fig. 2 schließen: Wenn die Schwimmer so gestellt sind, daß sie schon bei Geschwindigkeiten von 4 bis 7 m/Sek. den Drachen dynamisch anheben und ihn in dieser Lage mit nur ganz wenig eingetauchten Schwimmern halten bis zu Geschwindigkeiten, bei denen die dynamische Wirkung der Luft auf die Flügel die des Wassers auf die Schwimmer ablöst, dann kann man unbedenklich festgelagerte Laufräder einbauen, sagen wir Scheibenräder, die von rd. 5 m/Sek. Geschwindigkeit ab sich mit den Schwimmern aus dem Wasser heben, so daß nur ein kleines, selbst bootartiges Segment eingetaucht bleibt. In diesem Sinne ist wohl zuerst Caudron (Fig. 8) vorgegangen; die Laufräder liegen hier einfach in schmalen Schlitzen der Schwimmer.

Beim Wettbewerb in Heiligendamm war ebenfalls eine leicht ausbildungsfähige Konstruktion einfacher Grundlage zu sehen (Fig. 37). Diese Einrichtung nach Dr. Hübner bestand aus zwei

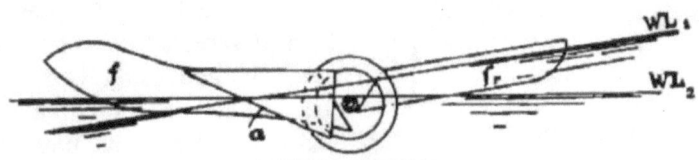

Fig. 37. Hübner.

Schwimmern f und f_r, die so hintereinander gelegt waren, daß sie ein Gleitboot mit Verzahnung bildeten. Die Eintauchung für die Ruhestellung ist durch die Wasserlinie WL_1 gegeben, die für die Fahrt durch die Wasserlinie WL_2. Im Spalt zwischen den beiden Schwimmern liegt die Achse der Laufräder. Letztere selbst sind zur Verminderung des Widerstandes im Wasser durch die eine Hubwirkung liefernden Abweisbleche a gedeckt.

Wo nun die Schwimmer nicht schon bei kleinen Geschwindigkeiten den Drachen genügend aus dem Wasser herausheben, da müssen die Fahrräder zum Hochstellen eingerichtet sein. Das ist natürlich eine lästige Betriebserschwerung, wenn man immer erst die Maschine besonders einrichten muß, je nachdem man auf Wasser oder auf Land niedergehen will, und kein Wasservogel macht etwas Ähnliches. Da man aber diesen Ausweg zurzeit ergriffen hat, so müssen wir uns mit ihm beschäftigen.

Das Hochheben der Fahrräder kann durch Lenkerverbindungen, in Bögen quer zur Fahrrichtung, oder in der Fahrrichtung erfolgen oder auch unmittelbar nach einer Lotrechten bewerkstelligt werden.

Das Anheben quer zur Fahrrichtung erfordert im allgemeinen Stangenverbindungen von großem schädlichen Widerstand für den Flug. Anderseits aber liegt die ganze Einrichtung so in die Augen fallend vor dem Führer, daß Irrtümer oder ein Vergessen der Einstellung für Land oder Wasser am ehesten ausgeschlossen erscheinen.

Da ist zunächst das Fahrgestell des Aviatik-Doppeldeckers (Fig. 38) hervorzuheben. Die Räder sind durch Stangen am Schwimmer f angelenkt und stützen sich durch ineinandersteckende, in ihrer Längsrichtung abgefederte Röhren e auf Muffen m, die durch Seilzüge s auf einer Schiene h quer zum Rumpf verschoben werden können. Heben und Niederlassen der Räder ist hieraus ohne weiteres klar. In den Endstellungen werden die Muffen durch (nicht gezeichnete) Klinken gesperrt, die über die Haken c der Muffen greifen. Diese Klinken sind also ihrerseits durch Drahtzüge vor jeder Verstellung der Laufräder zu bedienen.

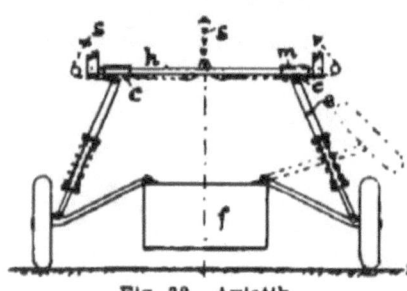

Fig. 38. Aviatik.

Eine im Arbeitsgang sehr ähnliche Vorrichtung zeigen die Doppeldecker von Donnet-Lévêque, von der Fig. 39, ebenfalls nach l'Aérophile, eine maßstäbliche Skizze gibt.

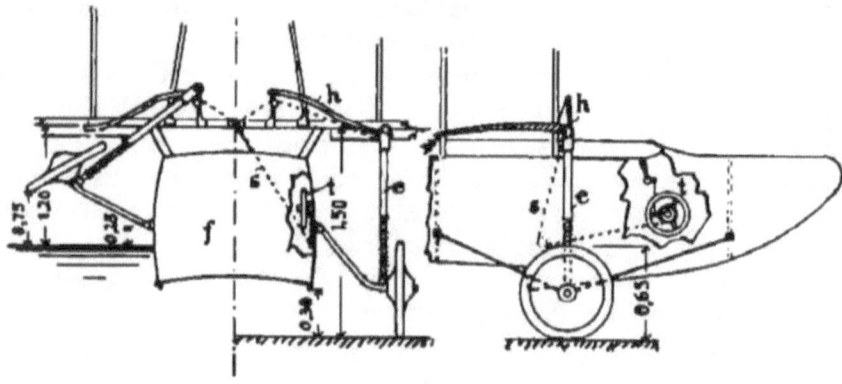

Fig. 39. Donnet-Lévêque.

Um die Räder zu heben, werden die Seilzüge *s*, die an den Köpfen der federnden Stützen *e* angreifen, auf eine Trommel mit Handrad *t* aufgewunden. Dabei führen sich die Köpfe auf gekrümmten Gleitschienen *h*. Für das Niederlassen der Räder ist das Werk nicht zwangläufig, sondern es wird angenommen, daß das Gewicht der Räder und Lenker genügt, nach Ausheben der Sperrklinke die Trommel mit Handrad *t* zurückzudrehen. Das ist in der Luft auch sicher möglich. Im Wasser aber, wo zu den Reibungswiderständen noch der Auftrieb des Rades selbst hindernd hinzutritt, kann das Werk versagen. Denn der Auftrieb ist schon für die mit Gummireifen versehenen Speichenräder beträchtlich, geschweige denn für dichte Scheibenräder, wie sie für den Flug vorzuziehen wären. Der Drache wird also unter Umständen von der See aus wie ein gewöhnliches Boot auf den Strand laufen müssen, statt wie es naturgemäß wäre, hierfür sein Fahrgestell zu benutzen.

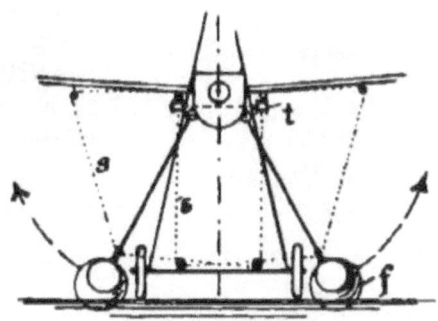

Fig. 40. Strack.

Ebenso wie man die Räder für die Wasserfahrt aushebbar macht, so kann man auch die Schwimmer hiefür einsenkbar machen. Derart hat Strack seinen Eindecker für den Wasserdrachen-Wettbewerb am Bodensee hergerichtet (Fig. 40). Die Seilzüge *s*, die von den Trommeln *t* auf- oder abgewunden werden, bewegen hier die Schwimmer *f* nach beiden Richtungen zwangläufig.

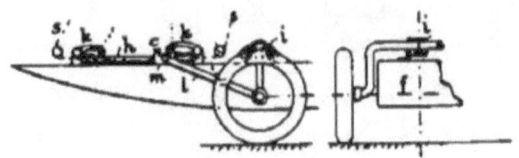

Fig. 41. Ago.

Für Maschinen, deren Räder in der Fahrrichtung gehoben und gesenkt werden, wird meist das Mittel der gekröpften Welle gewählt, wie es aus Fig. 41 zu erkennen ist. Diese Figur stellt einen der beiden Schwimmer *f* des »Ago«-Zweideckers dar. Für die Fahrt auf dem Lande federt die gekröpfte Welle in den Gummiringen i und wird durch Lenkstangen l, die an einer nach hinten unter Federdruck stehenden, nach vorn durch Klinken k gesperrten Muffe m angreifen, in Stellung gehalten. Sollen die Räder gehoben werden, so werden durch Drahtzüge vom Führersitz aus die Klinken k angehoben und durch Seilzüge s die Muffen längs den Schienen h nach vorn gezogen, bis die Haken c unter den vordern Klinken k einschnappen.

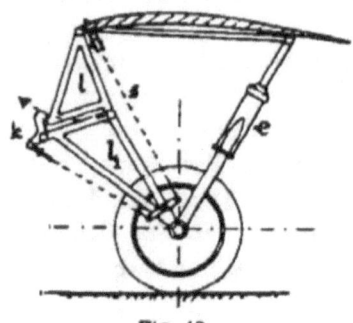

Fig. 42.
Flugzeugbau Friedrichshafen.

Eine einfache Lösung der Aufgabe entnehme ich dem Artikel von Ursinus über den Wettbewerb der Wasserdrachen am Bodensee. Nach Fig. 42 hat nämlich die Gesellschaft »Flugzeugbau Friedrichshafen« an ihren Zweideckern nur einen einzigen Seilzug s für Freigabe der Sperrung und für Anheben der Laufräder. Letztere werden im Lauf schräg nach hinten in den Stützen e ab-

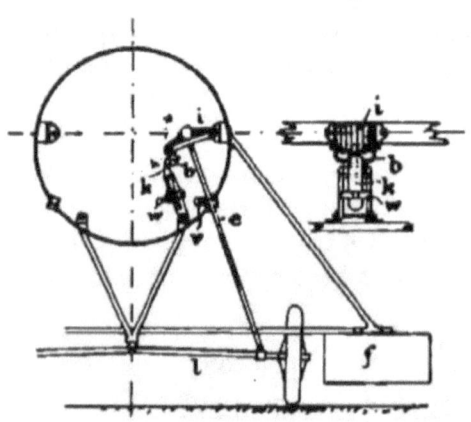
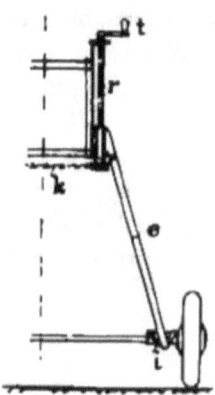

Fig. 43. Hirth.   Fig. 44. Albatros.

gefedert und durch zweiteilige, als Dreiecke ausgebildete und durch einen Sperrhaken k zusammengekuppelte Lenkstangen ll_1 geführt. Wird nun im Wasser oder in der Luft das Seil s gespannt, so gibt zunächst die Klinke k die Nase des Dreiecks l frei; unter weiterem Zug wird das Kniegelenk zwischen l und l_1 nach vorn gedrückt

Fig. 43a. Hirth.

Fig. 44a. Albatros.

und das Rad gehoben. Die Rückführung der Räder in die Laufstellung ist wieder nicht zwangläufig, so daß das für die Landung schwimmender Wasserdrachen zu Fig. 39 Gesagte auch hier gilt.

Als ein Übergang der Vorrichtungen mit Anheben der Laufräder quer zur Fahrrichtung zu denen mit direktem Anhub ist der Apparat von Hirth (Fig. 43) zu nennen, den ich ebenfalls dem »Flugsport« entnehme. Danach läuft der Drache, ein Albatros-Eindecker, auf Rädern, die seitlich durch Lenker l am Rumpf geführt sind, während sie sich mittels starrer Stangen e auf im Rumpf selbst untergebrachte Polster aus Gummiringen i stützen, die in einem nahezu wagerechten, an der Wand angelenkten Rahmen

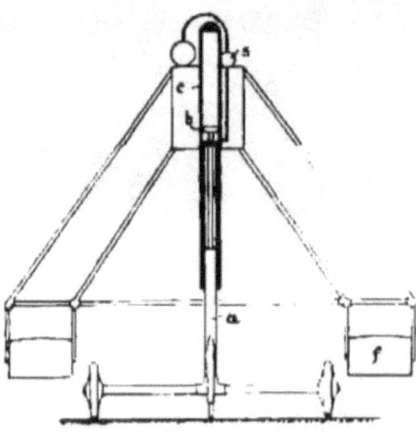

Fig. 45. Forgeot und Marta.

vereinigt sind. In einen freihängenden Bügel b dieses Rahmens faßt eine Klinke k, die ihrerseits in einem zweiten an der Wand des Rumpfes angelenkten Rahmen drehbar und mittels Vorreiber w feststellbar ist. Sollen die Fahrräder in der Luft oder im Wasser angehoben werden, so wird der Wirbel w um 90° gedreht, so daß die Klinke k aus dem Bügel des Federrahmens ausgeschwenkt werden kann. Hierauf wird die Stütze e mit dem Rade freihändig gehoben und in ihrer Hochlage durch Vorstecker v festgestellt.

Das Photogramm, Fig. 43a, läßt die Einrichtung im Zusammenbau von außen erkennen. Die Maschine ist der von Hirth im Wettflug am Bodensee (Juli 1913) und im internationalen Wettflug an den oberitalienischen Seen (Oktober 1913) zum Sieg gesteuerte Albatros-Eindecker. Dieser Drache hat sechszylindrigen 100 PS-Mercedes-Motor, klaftert 12,6 m, ist 8,6 m lang und 2,85 m hoch. Die Tragfläche beträgt 25 qm und unterliegt im graden Flug einer Belastung von 45 kg/qm.

Unmittelbaren Anhub der Laufräder zeigt Fig. 44 für einen Albatros-Zweidecker. Danach ruht der Rumpf mit den gegabelten Stützen e auf den Federn i der Laufräder, indem die am Rumpf festgelagerten Schraubenspindeln r in die als Muttern ausgebildeten Köpfe der Stangen e eingreifen. Die Schraubenspindeln sind unter sich durch einen Kettentrieb k verbunden, so daß beide von einer einzigen Kurbel t aus gedreht werden.

Fig. 44a gibt im Schaubild den Zusammenbau des Apparates mit dem Albatros-Zweidecker, auf dem Dipl.-Ing. Thelen den dritten Preis im Wettflug am Bodensee gewann.

Nach dem französischen Patent 423229 von Forgeot und Marta (Fig. 45) bildet das Laufradgestell den Kreuzkopf einer Kolbenstange a, die unten lose geführt wird, während ihr Kolben b dicht in einem Preßluftzylinder c arbeitet. Je nachdem nun durch die Steuerung s Preßluft über oder unter den Kolben b geleitet wird, ruht die Maschine auf den Rädern oder auf den Schwimmern f. Im ersteren Falle bildet die über dem Kolben eingeschlossene Preßluft gleichzeitig die Feder für das Fahrgestell im Laufe.

6. Hauptstück.
Sonstige bauliche Einrichtungen an Schwimmern und Booten.

Über die Grundformen von Schwimmern und Booten haben uns die Erfordernisse für den Abflug und für das Wassern sowie für die Stabilität schon genügend Anhaltspunkte gegeben. Danach wissen wir, daß die langgestreckte Form der Ruderrennboote

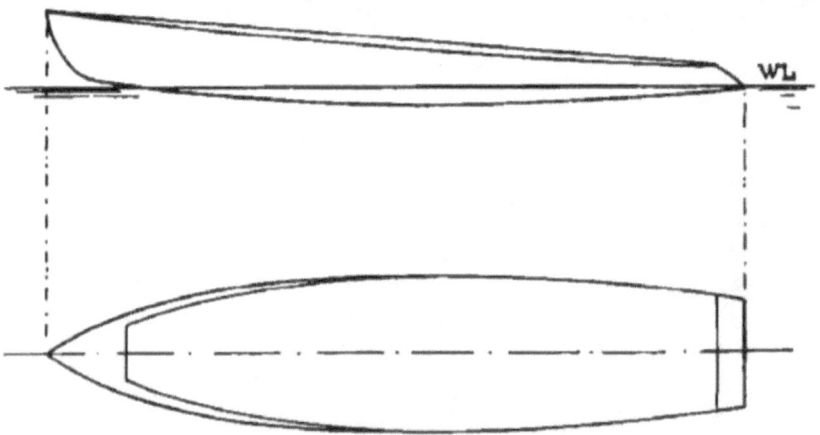

Fig. 46. Prahm-Gleitboot.

für Wasserdrachen ungeeignet ist. Auch die mehrfach empfohlene Form der Prahmgleitboote (Fig. 46), die sog. Bügeleisenform der Motorrennboote, hat sich für Flugmaschinen nicht bewährt. Sie wurde z. B. bei den neuen Deperdussindrachen versucht. Der Hauptspant liegt zu nahe an der Mitte, als daß die Maschine beim Anlauf aus dem Pendeln käme. Beim Wassern schneidet der spitzige Bug zu leicht unter; Abweisschaufeln n (Fig. 10 u. 17) treten nur in Wirkung, wenn das Übel schon im Gang ist; außerdem, wenn es sich nicht um Schwimmer, sondern um fliegende Boote handelt, so ist der spitzige Vorderraum für nichts Rechtes zu gebrauchen.

Die **Verzahnung des Schiffsbodens** gibt in Verbindung mit einem stark nach oben gezogenen Bootshinterteil zwar den gewünschten Erfolg; aber baulich bleibt der Zahn mit seiner Durchbrechung der wichtigsten Längsverbände eine äußerst gefährdete Stelle. Daher ist es vorzuziehen, Boden und Wände des Bootes von einem breiten und räumigen Vorderteil aus ohne Unterbrechung nach hinten und oben durchzuführen.

Um die Stöße, die die Schwimmer bei unruhiger Wasseroberfläche erhalten, möglichst zu mildern, macht man nach dem Vorgang von Fabre in Marseille den Boden der Schwimmer federnd. Wir werden auf diese bewährte Konstruktion noch im einzelnen zurückkommen. Um starke Stöße abzufangen, muß man aber den ganzen Schwimmer federnd lagern. Dies geschieht nach dem französischen Patent 16395, Zusatz zu 447384, von Rob. Esnault-Pelterie in nachstehender Weise (Fig. 47).

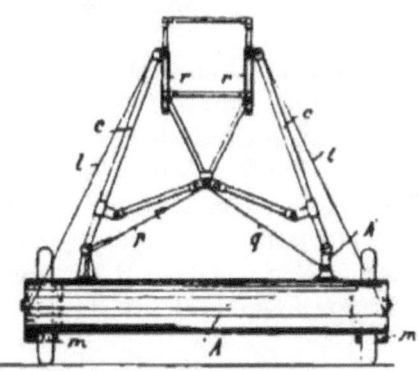

Fig. 47. Esnault-Pelterie.

Der zum Abstieg auf Land oder Wasser gleich befähigte Drache hat einen einzigen Mittelschwimmer A, der in seitlichen Schlitzen die Laufräder starr aufnimmt. Ob nun die Maschine auf den Rädern läuft oder auf dem Schwimmer A schwimmt, immer werden die Stöße durch Stützen c in der bei Esnault-Pelterie üblichen Weise auf Federn r (Gummistränge) am Rumpfe übertragen. Zum Ausgleich der seitlichen Bewegungen der die Stützen c führenden Lenker e ist die eine Stütze nicht direkt, sondern durch ein Zwischenglied h an den Schwimmer angelenkt. Außerdem ist der Schwimmer gegen Zerrungen nach vorn und hinten durch Drähte p und q, die vorn und hinten am Rumpfe befestigt sind, gesichert. Eine Sicherung gegen Drehen des Schwimmers um eine Breitenachse, z. B. um die der Laufräder, ist durch die vorn und hinten am Schwimmer befestigten Drähte l gegeben. m sind hinter den Rädern am Schwimmer angebrachte federnde Platten.

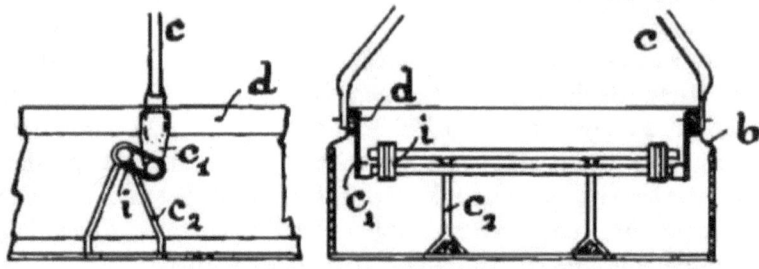

Fig. 48. H. Farman.

Nach der Bauweise von Henry Farman (Fig. 48) fassen die Stützen c des Rumpfes den Schwimmerdeckel d, der am Schwimmerkasten blasebalgähnlich durch lose wasserdichte Leinwand oder Lederstreifen b befestigt ist. Zur Stoßübertragung dienen die am Deckel befestigten Stützen c, und die am Boden befestigten Stützen c_2 mit ihren Querstangen und den auf letzteren aufgesteckten Gummiringen i.

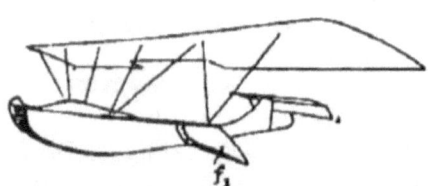

Fig. 49. Borel-Denhaut.

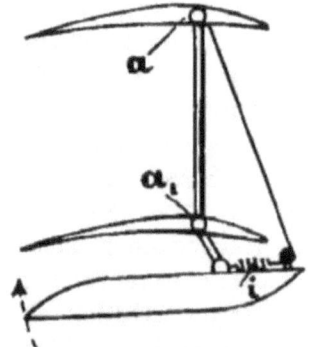

Fig. 50. Breguet.

Die seitlich unter den Flügeln angeordneten Hilfsschwimmer f_1 werden in der Regel starr befestigt. Ihrem Zweck, nur bei starker Seitenneigung des Drachens der Querstätigung zu dienen, und im Lauf sich der Wasserberührung möglichst zu entziehen, wird durch Hochlage der Schwimmer und starke Achsenneigung oder spitzige Formgebung nach hinten entsprochen. Vgl. z. B. Fig. 14, Fig. 29 und Fig. 49. Letztere Figur bezieht sich nach einem Schaubild im Génie civil vom 21. Juni 1913 auf den neuen

Zweidecker von Borel-Denhaut. Unter Umständen lagert man aber auch die Hilfsschwimmer nachgiebig. So hat Bréguet die auf halber Entfernung zwischen Rumpf und Flügelspitze angeordneten Hilfsschwimmer auf der Verlängerung der die beiden Hauptträger a und a_1 (Fig. 50) verbindenden Mittelstütze schwingbar so befestigt, daß eine Wasserberührung, die den Hilfsschwimmer hinten nach oben drückt, die Federn i spannt.

Vielfach findet man zur Regelung der Neigung Haupt- und Hilfsschwimmer mit Gelenken und Stellschrauben ausgestattet, was natürlich wieder besondere Sicherungen nötig macht. Nach dem französischen Zusatz 15896 zum Patent 443539 von Lecomte und Guincêtre sind die seitlichen Hilfsschwimmer vollständig unabhängig von den Tragdecken und können zur Widerstandsverminderung im Flug ganz an den Rumpf herangeholt werden.

Die besondere Ausführung der Schwimmer und Boote hängt zunächst von den Baustoffen ab, die man wählt, und zwar in erster Linie für die Außenhaut. Für zylindrische, konische, kugelförmige Schwimmer oder Schwimmerteile findet man vereinzelt Stahlblech oder Messingblech. Aluminium und seine Legierungen sind, abgesehen von der geringen Festigkeit und der Schwierigkeit des Lötens, schon deshalb ausgeschlossen, weil sie durch Seewasser zersetzt werden. Für Stahlblech stellt sich die Frage so: Stahl ist ungefähr zwölfmal schwerer als das für die Außenhaut vorzügliche amerikanische Mahagoniholz. Unter Zuziehung der schwereren Verbindungen für das Holz kann man ein Gewichtsverhältnis gleicher Raumteile wie 10 zu 1 annehmen. Nun ist eine 8 mm bis 10 mm starke Beplankung für 20 bis 25 cm voneinander abstehende Spanten vollständig ausreichend, und eine Außenhaut aus kreuzweis übereinander gestreckten und mit einer Zwischenlage aus geteerter Leinwand durch Kupfernieten verbundenen Holzblättern ist schon mit 4 mm Dicke genügend. Dem würde ein Stahlblech von 0,8 bzw. 0,4 mm entsprechen, was natürlich schon wegen der Formhaltung und wegen des Rostens ausgeschlossen ist.

Um leichte und feste Schwimmer und Boote für Flugdrachen in den heutigen Größen zu bauen, wird man also eine Außenhaut aus Holz vorsehen. Das hindert nicht, Motor, Propeller usw. auf einem gemeinschaftlichen Bett aus Stahl, d. h. auf einem Träger zu lagern, der mit den Spanten verbunden ist und gegen Verwerfungen des Holzes unempfindlich bleibt.

Zweckentsprechende Schwimmer aus Holz hat für Flugdrachen zuerst Henri Fabre aus Marseille gebaut. Nach der französischen Patentschrift 407556 (Fig. 51) besitzt der Schwimmer zwei Paar vorn und hinten zusammengebogener Rahmhölzer *4* und *5*, die unter sich durch Andreaskreuze *3* ausgesteift sind. Deckel und Seitenwände sind hinreichend starr in verleimten Holzfurnieren gebildet. Eine Besonderheit zeigt der Boden. Dieser besteht aus Lederstreifen *7*, die sich an die unteren Rahmhölzer anschließen, und damit vereint aus einem Mittelstück, das so aus Holzblättern

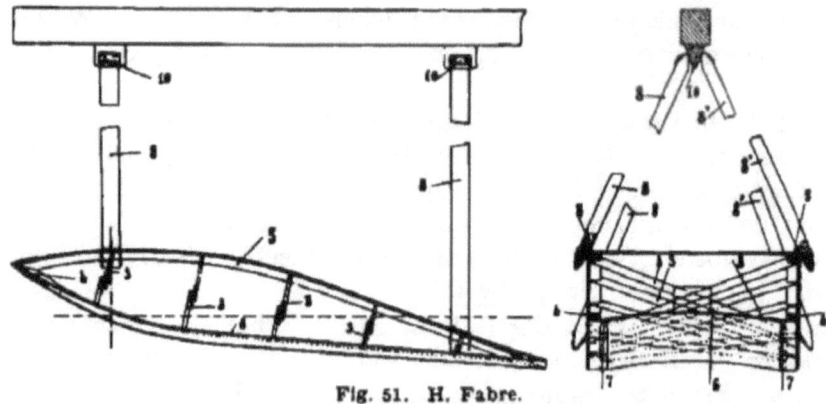

Fig. 51. H. Fabre.

zusammengesetzt ist, daß es in der Längsrichtung des Schwimmers möglichst starr und in der Querrichtung möglichst biegsam bleibt. Mit dem Rumpf selbst sind die Schwimmer durch Stützen *8* verbunden, die sich oben und unten nachgiebig gegen Lederstreifen *10* legen.

Der bekannte Bootsbauer Tellier, der die Ausführung der Fabreschen Schwimmer übernommen hat, heftet jetzt den federnden Boden direkt gegen die Rahmhölzer; statt der Andreaskreuze *3* werden dichte Wände eingebaut, der ganze Schwimmer also in Schotten eingeteilt, die von oben durch verschließbare Gucklöcher überwacht werden können. Da sich mit den wasserdichten Schotten die Forderung des federnden Bodens nicht verträgt, so ist über den Rahmhölzern *4* noch ein besonderer mit den Querwänden verbundener Blindboden eingezogen, wodurch dem Außenboden *6* seine Federung gewahrt bleibt.

Für Flugboote ist die Art der Beplankung hauptsächlich durch Rücksichten auf die Dichtung bestimmt. Die dünnsten Planken kann man beim sog. Klinkerbau nehmen (Fig. 52). Dabei kann noch sehr bequem und ergiebig »kalfatert«, d. h. mit einem meißelartigen dünnen Eisen Werg oder Baumwolle in die Fugen, wo sich die Planken überdecken, geklopft werden, worauf die Fuge dann ganz mit Pech oder Kitt geschlossen wird. Leider gibt diese Bauweise keine glatte Außenhaut und vermehrt also die Luftreibung im Fluge. Würde man die Planken, statt sie nach Fig. 52 sich übergreifen zu lassen, stumpf aneinander stoßen, so hätte man den sog. Krawelbau, der, weil die Planken sich nicht gegen-

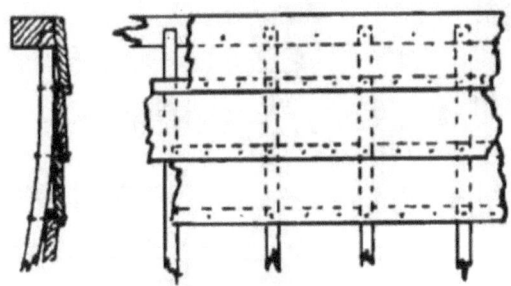

Fig. 52. Klinkerbau.

seitig unterstützen, viel stärker und schwerer wird als der Klinkerbau und aus diesem Grund für fliegende Boote unbrauchbar ist.

Man tut daher am besten, diejenige Bauart zu wählen, die als Nahtstreifen- oder Nahtspantenbau bekannt ist (Fig. 53). Die Nahtstreifen n kommen nach I (Fig. 53) in Aussparungen der Spanten a zu liegen, oder die dünneren Spanten erhalten nach II Paßstücke b, oder die Nahtspanten n werden nach III hochkant gestellt und übergreifen so die Spanten a mit Verkämmung von innen. In allen drei Fällen kann man dieselben dünnen Planken nehmen wie beim Klinkerbau. Nur erfordert jede Längsfuge die doppelte Reihe von Kupfernieten (kupferne Klinknägel mit Scheiben).

In Brix, Bootsbau, welchem Werke die beiden letzten Figuren entnommen sind, findet sich folgende Kritik des Nahtspantenbaues: »Diese Bauweise kommt hauptsächlich bei ganz extrem gebauten Segel- und Motorrennbooten zur Verwendung, wenn es darauf ankommt, die größtmögliche Festigkeit und Elastizität des Bootskörpers mit dem geringsten Gewicht zu erzielen. Der Hauptnachteil, den man dafür in den Kauf nimmt, ist außer dem etwas mangelhaften Querverband die Unmöglichkeit, das Boot innen ganz sauber und trocken zu halten, da Schmutz und Feuchtigkeit sich aus den vielen Ecken des Spantennetzes nicht entfernen lassen. Die Nahtspantenboote haben daher nur verhältnismäßig geringe Lebensdauer.« Da es mit der Lebensdauer der Flugdrachen meines Wissens nicht besser bestellt ist, so dürften schon aus diesem Grunde Nahtspantenbau und Flugmaschinen gut zueinander passen.

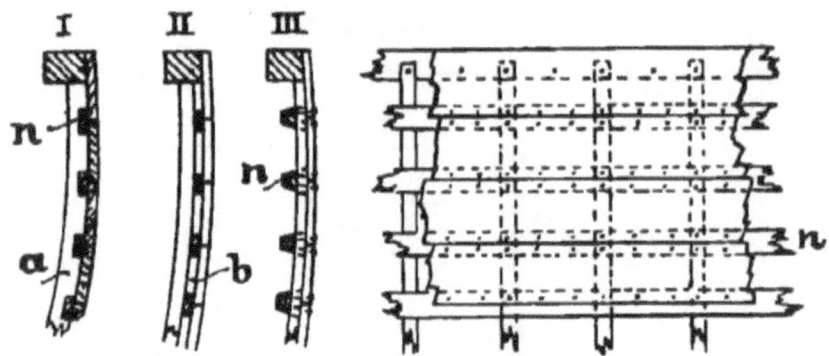

Fig. 53. Nahtspantenbau.

Es gibt allerdings eine Bauart, die die Außenhaut auch innen vollständig glatt und überall zugänglich läßt und außerdem noch geringeres Gewicht gewährleistet; das ist die schon bei den Schwimmern berührte Herstellung aus drei sich kreuzenden Holzlagen, die durch Dampf vollständig weich gemacht über starren Formen mit Zwischenlagen aus wasserdichter Leinwand zusammengepreßt, vernietet oder mit Bronzedraht vernäht und nach dem Trocknen in großen Stücken, z. B. für ein Boot in zwei Hälften, auf die genau vorbereiteten Spanten aufgebracht werden. Die Sicherheit dieser Bauart entspricht aber durchaus nicht immer ihrem Preise, und bei einem Leckwerden in der Fuge oder bei einem Anbruch ist man ziemlich ratlos, während Flickarbeiten beim Nahtspantenbau sehr leicht und sicher auszuführen sind.

Über weitere Fragen und Einzelheiten des Bootsbaues, über Wahl und Preise der Hölzer usw. wird auf die einschlägige Literatur, insbesondere auf die vom Verein Hütte herausgegebene zweite Auflage von Brix, Bootsbau, Berlin 1911, Ernst & Sohn, verwiesen.

7. Hauptstück.
Die an Wasserdrachen zu stellenden Anforderungen.

Faßt man alles zusammen, was die, wenn auch nur kurze Praxis, namentlich die Augusttage 1912 in Heiligendamm und die Ausscheidungswettbewerbe von Monaco im April 1913 gezeigt haben, und fügt man dazu die Lehren, die Fregattenkapitän Fatou, der Kommandant des französischen Schulschiffs La Foudre für das Flugwesen zur See gewonnen hat, so kommt man schon auf eine Reihe von Forderungen, die nicht vernachlässigt werden dürfen, wenn man einen Fortschritt erreichen will.

Zunächst freue ich mich, daß ich im Kampfe um die faltbaren Flügel nicht mehr allein stehe. In Deutschland haben die Allg. Elektr.-Gesellschaft in Berlin und Jatho in Hannover für Zweidecker, wo die Faltbarkeit am bequemsten zu erreichen ist, sie eingeführt. Was die Wasserdrachen anlangt, so ist heute schon alle Welt darüber einig, daß der Eindecker von de Marçay, auf der Rhede von Monaco mit zusammengeklappten Flügeln zwei Tage und eine Nacht vor Anker liegend, dem Wind und den Wellen am besten von allen Mitbewerbern standhielt. Während für den Wettflug am Bodensee vom Juli 1913 die Ausschreibung nur schüchtern eine »Verkürzung der Tragflächen vom Führersitz aus« in das Gebiet des Erwünschten und Erreichbaren zog, sah das Programm für den Wettbewerb in Deauville (Concours d'avions marins, 25. bis 31. August 1913) einen Flügelfaltpreis und einen Flügelentfaltpreis vor. Für den »prix de repliage« sollte die Zeit zwischen Anwassern und Einhängen der Flugmaschine in den Kranhaken des vorher bezeichneten Schiffes als Maßstab gelten. Ebenso sollte für den »prix de dépliage et d'envol« die Zeit, die der neben dem zugewiesenen Schiffe mit gefalteten Flügeln liegende Drache von Erhalt des Auftrags zum Abflug bis zum Abflug selbst brauchte, maßgebend sein.

Nach dem Bericht von Fregattenkapitän Fatou sind die Ausmaße des auf dem Schulschiff La Foudre für die Flugmaschinen hergerichteten Schuppens 14 m Breite, 9 m Tiefe und 4 m Höhe. Das Schiff verfügt über einen Kran, dessen Klaue zum Fassen der Flugdrachen bis zu 9 m Ausladung außerhalb der Reeling ablaufen kann.

Fatou wünscht nun, »sobald als möglich Flugapparate zu bekommen mit reffbarer Besegelung, oder noch besser, mit Flügeln, die sich längs dem Rumpfe anklappen lassen, um den Einfluß des Windes beim Anbordnehmen und Zuwassersetzen der Maschine zu vermindern.... Es versteht sich von selbst, daß das System der Flügelfaltung gestatten muß, die Flügel ohne vorgängige Regelung vom Sitz des Führers aus in die Flugstellung auszustrecken, sobald der Drache auf dem Wasser schwimmt. Durch die Flügelfaltung vermindert man wesentlich die nötige Ausladung der Krane und vermehrt dadurch allein die Zahl der Kriegs- und Handelsschiffe, die fähig sind, Aeroplane zu beherbergen. Die Arbeit des Anbordnehmens verliert ferner für die Maschinen selbst viel von ihrer Gefährlichkeit.... Es würde übrigens gut sein, die Besegelung der Flügel reffbar zu machen, selbst wenn diese an den Rumpf angeklappt werden können.«

Fatou stellte dann eine Reihe von Forderungen auf, die zum Teil schon beim Ausschreiben für Monaco berücksichtigt wurden.

Für Monaco »Concours international« war gefordert — ich halte mich hier an die Übersicht, die André Beaumont (Leutnant zur See Conneau) in La Vie au grand air veröffentlichte:

I. An Gewicht.

Führer	70 kg	Dazu Benzin und Öl für 500 km, d. i. für 100 PS-Gnom-Motor 210 kg.
Beobachter	70 »	
Anker	7 »	
Tau oder Kette f. d. Anker (30 m lang)	7 »	
Ankerboje	2 »	
Kompaß	0,5 »	Somit gesamte Nutzlast: 182 + 210 = 392 kg.
Schreibendes Barometer	0,5 »	
Apparat für drahtlose Telegraphie	25 »	
	182 kg	

II. Für die Ausscheidungsbewerbe:

1. Während des ganzen Flugtreffens auf dem Wasser liegen. (Diese Bestimmung hatte eine Hintertür, insofern während der Flugwoche Ausbesserungsarbeiten an Land gestattet waren. Und schließlich hatten alle Bewerber etwas auszubessern.)
2. Anwerfen des Motors, ohne die Schraube zu berühren, und 100 m Fahrt auf dem Wasser.
3. Aufstieg auf 500 m und Wiederanwassern in 30 Minuten.
4. Gleitflug aus 100 m Höhe mit abgestelltem Motor.
5. Anbordheben durch fremdes Schiff.
6. 100 m Fahrt auf dem Wasser im Schlepptau.
7. 6,25 km Fahrt auf dem Wasser mit eigener Kraft.
   Alles auf offener Rhede.

III. Für den Hauptbewerb:

1. 90 km fliegend zurückzulegen, mit zweimaliger Unterbrechung durch eine Wasserung außerhalb des Hafens und Fahrt zu Wasser über 500 m.
2. 500 km Flug ohne Brennstoff- etc. Ersatz, mit zweimaliger Wasserung.

Für den »Concours Français« in Deauville wurde folgendes gefordert:

I. An Gewicht.

Führer	80 kg	Dazu Benzin und Öl für 4 Stunden, d. i. für einen neuen 100 PS- Gnom-Motor 170 kg.
Gast	80 »	
Anker	5 »	
Ankertau (40 m lang)	8 »	
Geschwindigkeitsmesser	0,2 »	
Umdrehungszähler	1,5 »	
Schreibendes Barometer	0,5 »	Somit gesamte Nutzlast: 176 + 170 = 346 kg.
Kartenhalter	0,3 »	
Marinefernglas	0,4 »	
	= ~ 176 kg	

II. Für die Ausscheidungsbewerbe:

1. Maschine und Motor französischer Herkunft.
2. Gesichtsfeld frei in einem Kegel mit lotrechter Achse und 30° Öffnung.
3. Ausschluß von Aluminium.

4. Ingangsetzung des Motors durch den Führer.
5. Zufluß der Betriebsstoffe durch das eigene Gewicht.
6. Wasserdicht unterteilte Schwimmer.
7. Nicht magnetisierbare Steuerhebel und gegen Spritzwasser gesicherter Motor und Vergaser.
8. Mittlere Geschwindigkeit nicht unter 84 km in der Stunde.
9. Flug von mindestens einer Stunde unter voller Belastung.
10. Abwerfen des Ankers vom Platz des Führers aus.
11. Eine Wasserfahrt in 8 (Kreuzschleife) um zwei 400 m voneinander abstehende Bojen.
12. Eine Wasserfahrt um ein Quadrat von 1 Seemeile Diagonale bei Wind von 10 m/Sek.
13. Liegen im Seegang 10 Minuten lang bei Wind von 10 m/Sek.
14. Verankerung der Flugmaschine am Schwanz in der Erwartung, daß sie nach Abwerfen des Taues sich von selbst gegen den Wind stellt.
15. Zwei Abflüge und zwei Wasserungen bei einem Seegang von 1 m Wellenhöhe.
16. Eine Stunde lang verankert liegen, ohne Belästigung durch übergenommenes oder eingedrungenes Wasser.
17. Von ruhigem Wasser nach Anlauf von höchstens 400 m abfliegen.
18. Auf 500 m in höchstens 25 Minuten steigen (3 Versuche, der beste gilt).

Die Versuche 11 bis 16 können mit 30 kg weniger als Vollast ausgeführt werden.

III. Für den Hauptbewerb:

1. Flug über mindestens 180 Seemeilen (333 km).
2. Abflüge und Wasserungen bei bewegter See, nach Verfügung des Ausschusses.
3. Unterschied zwischen erreichbarer Höchst- und Mindestgeschwindigkeit, nicht kleiner als 7 m/Sek. (25 km/Std.)
4. Geschwindigkeit des Fluges über 250 Seemeilen (463 km):
   a) über 100 Seemeilen ohne Anhalten,
   b) mittlere Geschwindigkeit über 250 Meilen (3 Versuche).
5. Zuverlässigkeitswettbewerb. Besondere Preise für Maschinen, die die Flugstrecke von 250 Seemeilen ohne Zwischenwasserung zurückgelegt haben.

Die vorstehenden Bestimmungen für den Flug in Deauville sind nach langen Verhandlungen zwischen dem Aéroclub de France, dem französischen Marineministerium und den Erbauern von Flugmaschinen ausgearbeitet worden, nachdem eine erste Ausschreibung als zu lästig und teilweise unsachlich von Fabrikanten und Führern der Maschinen abgelehnt war. Gegen die neuen Bestimmungen läßt sich im Grunde nichts sagen als das, daß die Industrie in der kurzen Frist von April bis August 1913 unmöglich neue, den neuen Bestimmungen sich besonders anschmiegende Modelle schaffen konnte. Das ist also nur eine Frage der Zeit.

Die deutsche Marine hat den Erbauern von Flugdrachen ebenfalls die Ansprüche bekanntgegeben, die sie bei Abnahme der Maschinen stellt. Danach erscheint nur das Gewicht von Führer und Beobachter auf je 90 kg erhöht. Ferner sind außer dem Abwurfanker ein Treibanker im Gewicht von 7 kg, zwei Bojen (»Schwimmkörper«), ein Kästchen für einen Sextanten und eine Kiste für Mundvorräte einschließlich Trinkwasser vorgesehen. Auf die Forderung eines Laufgestells für festen Boden scheint nach meiner Quelle bedauerlicherweise verzichtet zu sein.

Hervorgehoben sei auch die Forderung, die Schraube so anzuordnen, daß sie nicht in die Lage kommt, im Wasser zu arbeiten. Diese Forderung ist ganz berechtigt, da Seewasser die schützende Firnisschicht der Holzschrauben bald zerstört und die Schläge der Schraube auf das Wasser direkt das Holz zum Absplittern bringen können. Letzteres wird verhindert, indem man die äußeren Enden der Schraubenflügel mit Messingblech verkleidet, das an den Nähten weich verlötet und unter sich und mit der Schraube an vielen Stellen durch Kupfernieten verbunden ist. Der so gewonnene Schutz ist aber nicht allzuhoch anzuschlagen. In Monaco wurde z. B. eine Maschine außer Bewerb gesetzt, weil sich die Schraubenverkleidung durch eine Welle verbogen hatte. Einer anderen Maschine wurde die Verkleidung an einem Schraubenflügel abgerissen, so daß die Schraube mit einseitiger Schwungmasse arbeitete und also ebenfalls sofort versagte. Das Heil dürfte darin liegen, daß man die Schrauben aus Stahl macht, nicht wie früher aus Stahlrohrarmen mit aufgenieteten Blättern, sondern mit der Formgebung der hölzernen Schrauben aus zwei Stahlblechen gestanzt und in den Nähten vernietet.

Bezüglich der Lage von Schraube und Motor verlangt das belgische Ministerium beide hinter der Besatzung. Das ist für die allgemeinen Flugzwecke sehr günstig, erschwert aber die Aufgabe wesentlich, wenn mit zusammengeklappten Flügeln unter eigener Kraft gefahren werden soll.

Was den Raumbedarf anlangt, so war für Monaco ein Apparat für drahtlose Telegraphie oder, wie bereits erwähnt, eine Kiste im Gewichte von 25 kg, 27 cm lang, 65 cm hoch und 27 cm breit vor oder neben dem Fahrgast anzubringen.

Für die Drachen selbst verlangt die belgische Regierung als Höchstmaße bei Unterbringung in Schuppen: Breite 8 m (Klafterung im Flug bis 14 m), Länge 10 m, Höhe 3 m.

Das preußische Kriegsministerium verlangte für die Herbstflugwoche in Berlin-Johannisthal, 28. September bis 5. Oktober 1913, hinsichtlich der Unterbringung: Größte Breite = 14,5 m; größte Länge = 12 m; größte Höhe = 3,5 m.

Übrigens dürfte es von Wert sein, die heutigen Anschauungen dieser maßgebenden Behörde, wie sie in den 21 für die Berliner Herbstflugwoche aufgestellten Forderungen zutage treten, hier niederzulegen, wenn sich auch die Ausschreibung nur auf Landdrachen bezieht. Denn eine sinngemäße Anwendung auf Wasserdrachen liegt nahe.

Es war also gefordert:

1. Deutsche Herkunft der Flugmaschine in allen Teilen.

2. Guter Sitz für Führer und Beobachter; leichte Verständigung zwischen beiden. Steuerorgane für den Führer. — Mit letzterer Bestimmung ist die heillose Doppelsteuerung beseitigt.

3. Für die Besatzung wird möglichst großer Windschutz, bequemer Sitz und völlige Armfreiheit verlangt. Der Rumpf muß genügend Raum zum Einbau einer Abwurfvorrichtung und Unterbringung von Abwurfbomben sowie zum unbehinderten Photographieren besitzen.

4. Möglichst selbsttätige Stabilität und mühelose Handhabung der Steuer.

5. Abweichungen von der Militärsteuerung bedürfen besonderer Abmachungen.

6. Übersichtliche Anordnung der Instrumente (Barometer, Barograph, Kompaß, Umdrehungszähler, Stoppuhr). Prüfungs-

möglichkeiten für den Benzin- und Ölstand durch den Führer im Fluge muß vorhanden sein.

7. Eigengeschwindigkeit von mindestens 90 km/Std. Bei dieser oder größerer Geschwindigkeit muß ihre Herabsetzung während des Fluges bis auf 75 km/Std. möglich sein, ohne die Flugfähigkeit zu beeinträchtigen, d. h. in wagerechter Lage geradeaus fliegen zu können.

8. Größte Ausmaße; bereits eingangs erörtert.

9. Betriebsstoffe für 4 Stunden.

10. Motorstärken nicht über 100 PS. Abweichungen unterliegen der Genehmigung der Heeresverwaltung. Bei gleichwertigen Leistungen werden Flugdrachen mit schwächeren Motoren bevorzugt.

11. Sichere und gefahrlose Unterbringung der Betriebsstoffbehälter. »**Über oder hinter der Besatzung sind ausgeschlossen.**«

Diese Bestimmung darf nicht ohne Widerspruch bleiben. Bei einem Kopfsturz kann natürlich jede Bestimmung falsch oder richtig sein, je nachdem der Drache sich auf den Rücken überschlägt oder auf den Bauch zurückfällt. Bei seitlicher Zertrümmerung der Maschine (Fall auf einen Flügel) kann alles gleichgültig sein. Im allgemeinen aber wird man fordern müssen, daß bei einem Benzinbrand der Luftzug das Feuer von der Besatzung und von den Flügeln weg und nicht auf diese zu bläst: **daß also der Benzinbehälter über und hinter, und nicht unter und vor der Besatzung liegt.**

Dazu kommt für **Wasserdrachen** noch der besondere Grund, daß ein guter Massenausgleich fast zwingend zu der hier behördlich verpönten Anordnung führt. Vgl. z. B. Donnet-Lévêque, Fig. 29, Borel-Denhaut, Aviatik u. a.

12. Anlaßvorrichtungen bzw. Andrehvorrichtung.

13. Spielraum für Propellerspitze nicht unter 45 cm vom Boden.

14. Steigfähigkeit mindestens 800 m in 15 Minuten.

15. Anlauf bis höchstens 100 m auf ebenem Boden (Startmannschaften **gestattet**). Auslauf höchstens 70 m; Wendigkeit auf dem Boden.

16. Nutzlast (außer Betriebsstoffen, Instrumenten und Werkzeug) von mindestens 200 kg. (Führer und Beobachter sind hierin enthalten.)

17. Gleitflug aus 500 m Höhe (mit Rechts- und Linkskehren) mit abgestellter Zündung.

18. Schnelles Zusammensetzen und Zerlegen. Als Norm gilt mit 5 Mann Aufbau 2 Stunden, Abbau 1 Stunde. Leichte Verladefähigkeit auf Eisenbahnwagen und Landfahrzeugen. Profilfreiheit für Eisenbahn- und Straßentransport.

19. Unempfindlichkeit gegen Witterungseinflüsse.

20. Leichte Auswechselbarkeit einzelner Teile (z. B. des Fahrgestells).

21. Eine Einrichtung zur vorübergehenden Dämpfung des Motorgeräusches.

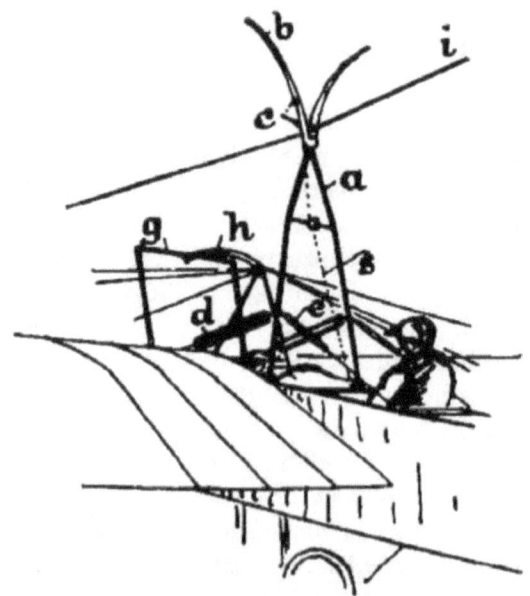

Fig. 54. An- und Abflugvorrichtung von Blériot.

Zum Wettbewerb in Deauville war für die Drachen, die von Bord abfliegen sollten, eine Schleudervorrichtung gestattet bis zu 10 m lang, 7 m breit und 2 m hoch. Im übrigen konnten Schienen und Wagen oder Kabel in Verwendung kommen. Man hat sich also offenbar etwas dem Ähnliches vorgestellt, was Langley seinerzeit für das Zuwasserbringen seiner »Aerodrome« gebaut hatte.

In den jüngsten Tagen war viel von einer Abflug- und Anflugvorrichtung die Rede, die Blériot in der zweiten Augustwoche 1913 dem Marineminister Baudin und den Admiralen Darieu und Le Bris auf seinem Flugfelde vorführte.

Blériot denkt sich über dem Schiffe an zwei Querdrähten, wie für elektrische Eisenbahnen, einen Laufdraht i (Fig. 54) gespannt, stark genug, um eine Flugmaschine zu tragen. Diese selbst ist mit einem gelenkig am Rumpf zwischen Federn d und e befestigten Halter a ausgestattet, der oben eine Gabel b mit Sperrhaken c trägt. Der Anflug aufs Schiff soll nun so vor sich gehen, daß der Führer längs unter den Draht i zu kommen sucht, wonach er aufbäumt, so daß der Draht i vom Grund der Gabel b gefaßt und durch den selbsttätig einschnappenden Sperrhaken c gehalten wird. Für den Abflug vom Schiff wird der Sperrhaken c im geeigneten Augenblick durch einen Zug des Führers an der Schnur s freigegeben. Damit bei diesen Manövern nicht etwa die Schraube den Draht berührt, sind die Sicherheitsbügel g und h über die Maschine gezogen.

Wie man sieht, ist die Blériotsche Einrichtung weit entfernt von den Umständlichkeiten, mit denen z. B. die Herrichtung des Decks der Pennsylvania für die Flüge von Ely verbunden war (freie Plattform von 40 m Länge und 18 m Breite). Aber, wenn ich mir auf Grund meiner kurzen Fahrten über das Mittelmeer, die Nordsee und den Atlantik ein Urteil erlauben darf, so halte ich den Anflug aufs ruhende Schiff mit den heute üblichen Flugmaschinen auch schon bei leichtem Seegang für nahezu unmöglich. Und an der Sachlage wird nichts geändert, wenn etwa ein ganz besonders schneidiger und geistesgegenwärtiger Führer, wie der in Diensten Blériots stehende Pégoud einen solchen Anflug einmal bei Seegang fertig bringt, wie ihm das Verlassen der fliegenden Maschine im Fallschirm und das Looping-the-loop mit dem Blériotdrachen glückte. Der Anflug auf das gegen Wind und Wellen fahrende Schiff von hinten erscheint weit leichter. Ebenso dürfte der Abflug vom ruhenden oder fahrenden Schiff bei Seegang in vielen Fällen gelingen. Der mindest gefährliche Anflug dürfte immer der bleiben, auf der Leeseite des Schiffes zu wassern, die Flügel anzuklappen und sich vom Kran an Bord heben zu lassen.

Schließlich möchte ich auf die Einrichtung schwimmender Stationen für Flugdrachen hinweisen, wie sie im französischen Patent 442153 von Jean und Emile Baquesne gedacht ist. Das Schiff (Fig. 55) besitzt eine Rampe für Wasserdrachen A und ist

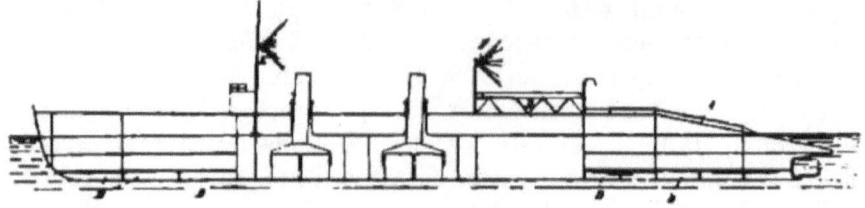

Fig. 55. Baquesne.

im Tiefgang, dem Kohlenverbrauch entsprechend, durch Wasserballastkammern B zu regeln. D ist der Schuppen für die Flugmaschinen. Das Schiff stellt sich mit seiner Achse immer in die dem Anflug günstigste Richtung, und damit diese Richtung den ankommenden Drachen frühzeitig bekannt wird, dienen am Tag Ballone und zur Nachtzeit Feuer E und F.

8. Hauptstück.
Vorschläge.

Sobald man der Aufgabe, einen Wasserdrachen zu entwerfen, näher tritt und die Möglichkeiten der Massenverteilung ins Auge faßt, so bemerkt man durch überschlägige Annahmen und Rechnungen bald, wie weit man von der Erfüllung der Forderungen entfernt ist, die für den Flug gelten, nämlich: Daß die Summen der Trägheitsmomente der Massen und der statischen Momente der Winddrücke auf eine durch die Propellerwelle gehende Querachse gleichzeitig Null werden sollen. (Vgl. Hofmann, Der Maschinenflug, S. 103.)

Namentlich Eindecker sind hier in einer schwierigen Lage. Nichts wäre aber verkehrter, als deshalb die Eindecker, die unter sonst gleichen Umständen immer einfacher, schneller fliegend und im Aussehen künstlerisch befriedigender hergestellt werden können als Zweidecker, zu verlassen.

Gehen wir für unsere Überlegungen von einem im Flug selbsttätig stabilen Landdrachen aus, dessen Schwerpunkt ganz wenig unter der Propellerachse liegt, während die Nullinie der Winddrucke die Propellerachse senkrecht schneidet, so kommt dieser Drache weder durch Geschwindigkeitsänderungen des Fluges in Pendelungen, noch erhält seine Fiederung im gewöhnlichen geraden Flug von oben oder von unten Druck. Das Höhensteuer ist selbstverständlich außer Druck und in diesem Idealfalle mit der Fiederung in einer Richtung.

Soll dieser Drache mit Schwimmern ausgerüstet werden, so daß die Besatzung nachher wie vorher ihren Platz im Rumpf behält, so wird das Gleichgewicht gegen früher gestört: 1. durch die nicht unbeträchtliche und weit unter dem Schwerpunkt liegende Masse der Schwimmer, 2. durch deren ebenfalls weit von der Neutralen abliegenden Luftwiderstand. Die Summe der Massen und der Luftwiderstände ist außerdem erhöht.

Soll dagegen der Drache seinen Rumpf als Boot ausgebildet erhalten, so muß die Masse des Rumpfes und der Besatzung um mehr als den Schraubenradius nach unten gelegt werden. Ebenso tief wird der Luftwiderstand des Rumpfes und der Besatzung verlegt. Die Größe der Masse und des Luftwiderstandes kann vielleicht unverändert bleiben.

Wenn man im Falle der Ausrüstung mit Schwimmern auch noch keine sehr eingreifenden Änderungen am Drachen nötig hat,

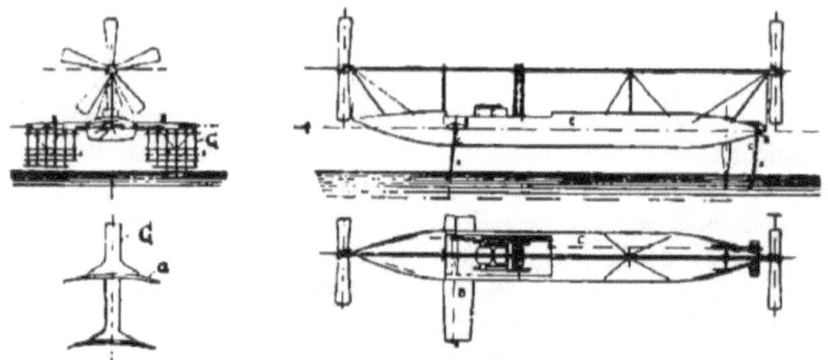

Fig. 56. Forlanini.

so braucht man diese um so mehr im Falle der fliegenden Boote. Als Mittel hat man im wesentlichen nur die Hochlage des Motors und des Öl- und Benzingefäßes. Man muß also den verbleibenden einseitigen Massen- und Luftdruck durch Zusatzwiderstände der Fiederung oder gar des Höhensteuers ausgleichen, was Kraftvergeudung für den Flug und Sicherheitsverminderung gegen Kippen bedeutet.

Man kann aber noch einen anderen Ausweg ergreifen, und um diesen zu begründen, muß ich kurz auf die Versuche von Prof. Forlanini und von Grocco und Ricaldoni eingehen.

Man kann nämlich mit schräg zur Fahrrichtung gestellten Platten *a* (Fig. 56) ebenso ein Schiff aus dem Wasser heben, wie man mit solchen Platten Tauchboote im Wasser und Flugmaschinenmodelle in der Luft hob. Demzufolge versuchte Forlanini 1905 auf dem Lago maggiore ein durch Luftschrauben getriebenes Boot C, das an Auslegern B und B' Reihen von Schaufeln oder Platten a auf Ständern G trug. Bei kleiner Geschwindigkeit verteilte sich das Gewicht auf mehrere Reihen breiter Schaufeln. Diese hoben sich mit zunehmender Geschwindigkeit aus dem Wasser, bis schließlich das ganze Boot von 1650 kg Gewicht auf drei kleinen Schaufeln von zusammen 15 qdm Fläche lief. Die Geschwindigkeit war hierbei 20 m/Sek. (72 km/Std.), und der Kiel des Bootes befand sich 55 cm über dem Wasser.

Über die Beziehungen zwischen
der Tragfläche im Wasser . . $= F_S$ in Quadratmetern,
der Geschwindigkeit . . . . $= v$ in Metern auf die Sekunde,
der Tragkraft . . . . $= G$ in Kilogramm
wurde für Platten aus poliertem Stahl mit einer Höhlung nach unten von $^1/_{12}$ des Stichs zur Sehne und einer Einstellung der Sehne der Platten zum Horizont unter einem Winkel $\alpha = 4^0$ folgender Ausdruck gefunden:

$$G = 25 F_S \cdot v^2.$$

Das wäre für unsere bisher angewandten Formeln (S. 4, 11 und 15)

$$G = \varphi_S \cdot F_S \frac{\gamma w}{g} \cdot v^2 \sin \alpha,$$

und hieraus

$$\varphi_S = \frac{G \cdot g}{F_S \gamma w \cdot v^2 \cdot \sin \alpha} = \infty\, 4.$$

Die nahe beieinander stehenden Platten des Forlaninischen Bootes setzten sich leicht mit schwimmendem Unkraut zu. Auch hatte das Boot, aus dem Wasser gehoben, keine rechte Führung nach der Längsachse. Deshalb sahen die Leutnants Crocco und Ricaldoni bei ihren Versuchen auf dem See von Bracciano (1906) statt der vielen kleinen Platten Forlaninis zwei Paar großer Platten a vor, von

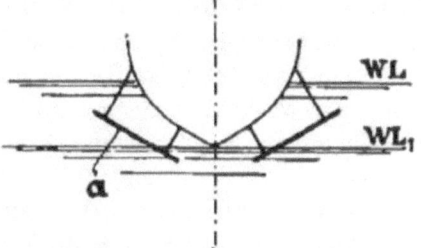

Fig. 57. Crocco und Ricaldoni.

denen das eine am Bug und das andere am Heck des Bootes war (Fig. 57). Je zwei Platten eines Paares waren nicht nur in der Fahrrichtung zum Horizont geneigt, sondern auch gegeneinander, so daß sie ein V mit der Spitze nach unten bildeten. Das Gewicht des Bootes betrug 1500 kg. Ein Motor von 80 PS verlieh dem Boot eine Geschwindigkeit von ca. 20 m/Sek. Dabei hob sich das Boot schon bei einer Geschwindigkeit von 7 m/Sek. vollständig aus dem Wasser (von WL nach WL_1). Dies ergäbe nach der Forlaninischen Formel für 7 m/Sek. eine Gesamtfläche der eingetauchten Platten von etwas über 1 qm.

Denken wir uns, in der Tafel Fig. 1 wäre ein Flugdrache dargestellt, dessen Schwerpunkt S mit den Einrichtungen für den Landverkehr nur wenig unter der Schubrichtung des Propellers p liegt. Im übrigen entspreche die Bauart mit den beiden um eine wagerechte Achse a drehbaren Steuern b meiner Patentschrift 222493. Danach läuft der Drache auf festem Boden mittels des Lenkrades r und der kleinen Rädchen b_1 an den Steuerhebeln. Wenn nun in der Flugstellung Tafel Fig. 3 die Mittelkraft aus allen Luftwiderständen die Schraubenachse ungefähr in deren Schnittpunkt T mit der Schwerlinie schneidet, so erfordert die Aufgabe, diesen Drachen in einen Wasserdrachen umzuwandeln, ohne an den für den Flug festgestellten günstigsten Schwerpunkt- und Widerstandsverhältnissen zu rühren, also ohne Schwimmer und ohne Herunterziehung des bootartigen Rumpfes unter den Schraubenumfang, nur die Anbringung von im Wasser tragenden Platten g am Lenkrad oder Lenkgestell und ebensolcher Platten g_1 unter dem Schraubenumfang, wenn gleichzeitig eine Einrichtung getroffen ist, diesen Drachen mit eigener Kraft vorwärts, d. h. mit den Platten g und g_1 auf die Wasseroberfläche hinaufzuschieben. Dazu will ich nun den Motor und die Luftschraube des Drachen selbst verwenden.

Nun bitte ich, das Buch nicht aus der Hand zu legen. Denn wenn die Marinebehörden gerade das Gegenteil, d. i. eine solche Hochlage der Luftschraube fordern, daß eine Wasserberührung bei Fahrt auf See ausgeschlossen ist, so stimme ich dieser Forderung als einer nach den heutigen Verhältnissen berechtigten vollständig zu. Aber wie man es verstanden hat, aus Mühlenrädern seetüchtige Treibräder für Dampfer zu entwickeln, ebenso muß sich die Luftschraube einer Flugmaschine zu einer halb in Luft, halb in Wasser arbeitenden Schraube eines fliegenden Bootes

Tafel I.

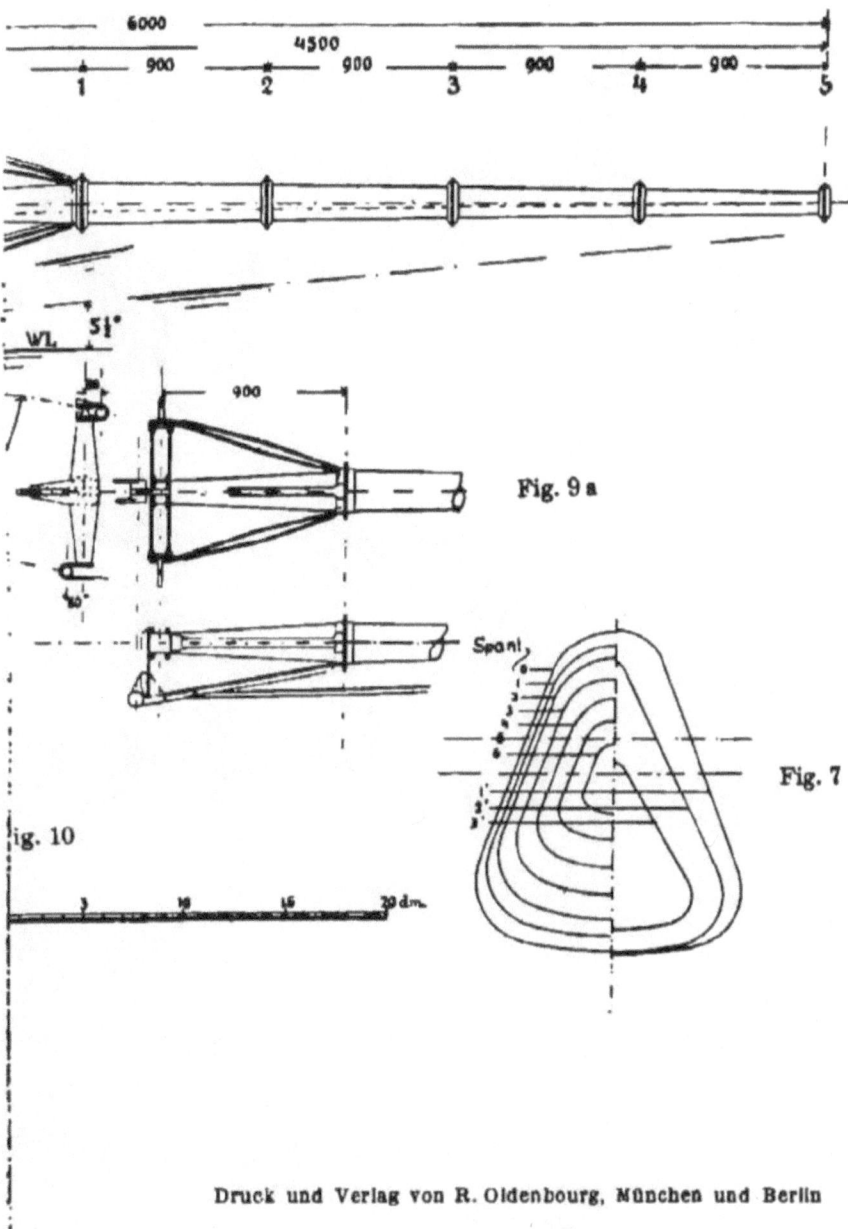

Druck und Verlag von R. Oldenbourg, München und Berlin

ausbilden lassen; noch dazu, wenn die Aufgabe so einfach liegt, wie hier, wo diese **Doppelarbeit nur für Geschwindigkeiten des Bootes bis 3 oder höchstens 5 m/Sek. (10 bis 20 km/Std.)** verlangt wird, und für größere Geschwindigkeiten die Schraube nur in Luft arbeitet.

Nötig ist also, daß man vom Holz wieder zum Stahl zurückkehrt. Eine Schraube, wie die gezeichnete, von 3 m Durchmesser, wird sich unschwer aus 1 bis 3 mm starkem Gußstahlblech in einer vorderen und einer hinteren Hälfte pressen lassen, wobei die Verbindung der beiden Hälften in den keilförmig geschärften Flügelkanten durch versenkte Nietung und in den Mitten durch hohle Stehbolzen erfolgen würde. Zwei der Schraube besonders aufgenietete Nabenstücke vermitteln die Verbindung mit der Welle p_1. Die Welle p_1 selbst ist auf eine Länge von 80 bis 100 cm von hinten herein gerechnet, biegungsfest gegen die einseitigen Wasserstöße gebaut und ebenso dementsprechend gelagert. In die Welle p_1 greift dann erst die lediglich auf Verdrehung beanspruchte eigentliche Welle p_2 des Motors. Schraube, Motor und alle sonstigen Getriebe, auf die wir noch im einzelnen später einen Blick werfen werden, sind fest in einem Bett aus J-förmig gebogenen Stahlblechen oder ähnlich geformten, über die ganze Bootslänge sich erstreckenden Trägern q gelagert. Mit diesen Trägern sind an geeigneten Punkten (Sitzen etc.) auch die Spanten des Bootes (nicht gezeichnet) in Verbindung gebracht. Ebenso sind hierauf die Flügelträger usw. abgestützt.

Betrachten wir jetzt die Schraubenfrage als erledigt, und beschäftigen wir uns mit den schrägen Platten g und g_1. Die 2,6 qm große Platte g ist wie bei Crocco und Thompson V-förmig mit der Spitze nach unten. Die hintere Platte g_1 aber ist zu einer kleinen Schutzplatte für die Schraube zusammengeschrumpft, die bei der kleinen Geschwindigkeit zu Anfang des Anlaufs das Bootshinterteil unmöglich heben könnte. Wohl aber ist sie groß genug (rd. 9 qdm), um bei Geschwindigkeiten über 10 m/Sek. ein Einsinken in die Wasseroberfläche sicher zu verhindern.

Für diesen Fall treten nun die kleinen Steuerflächenfortsätze b_3 (etwa zweimal 30 qdm), Tafel Fig. 9, in Tätigkeit. Diese allein sind, wenn die Steuerhebel b anfangs etwa unter 6^0 zur WL liegen, imstande, die Hebung des Bootes mit der vorderen V-förmigen Platte g zusammen schon bei etwa 3 m/Sek. Geschwindigkeit zu bewirken. Mit fortschreitender Hebung werden auch die Steuerhebel steiler gestellt; dafür tauchen sie weniger tief ein, bis bei einer Stellung von etwa 28° der Steuerhebel zum Horizont und bei einer Fortlaufgeschwindigkeit der Flugmaschine von rd. 4 m/Sek. die Schraube nur in der Luft arbeitet.

Unter der gemeinschaftlichen Wirkung des größer werdenden Schraubenschubs und des Luftwiderstands auf die großen Flächen b^2 der noch unten liegenden Steuerhebel hebt sich die Maschine hinten an, so daß die Flügel weniger Luft schöpfen, nähert sich also der Stellung nach Tafel Fig. 1 für den Lauf auf festem Boden. Und wenn man an den Schwerpunktsverhältnissen nichts geändert hat, so muß die Maschine beim weiteren Lauf auf dem Wasser ihre Gleichgewichtslage auf dem Lenkgestell unter Vermittelung der Platten g jetzt ebenso finden, wie sie es auf dem Lande unter Vermittelung des Rades r gefunden hat. Dieses Bestreben kann man noch, um die Steuerflächen b_2 zu entlasten, bzw. um die Steuerhebel b mehr in die Wagerechte zu legen, unterstützen durch eine auch in der Fahrrichtung gebrochene oder nach unten konvexe Form der Platten g, so daß bei zunehmendem Zug oder abnehmendem Widerstand die Maschine ihr Gewicht mehr nach vorn legt und umgekehrt.

Jedenfalls steht die Maschine im Augenblick des Abflugs in einer Mittelstellung zwischen der nach Tafel Fig. 1 und 3. Wenn sonach bei genügender Geschwindigkeit beide Steuerhebel b hinten plötzlich etwas angehoben werden, so schlägt die Maschine hinten sinkend mit der Platte g_1 aufs Wasser und springt ab.

Hiernach soll die Maschine im einzelnen kurz beschrieben werden.

a) Der Rumpf.

Der Rumpf ist als offenes Boot so gebildet, daß er, wenn die Versuche eine vollständige Geeignetheit aller Organe für ihren Zweck ergeben haben, oder die nötigen Änderungen vorgenommen sind, nach oben mit Fenstern und Dach völlig geschlossen werden kann. In Tafel Fig. 1 ist das, was gleich zu Anfang gemacht wird, ausgezogen und die nach den Versuchen hinzukommende Haube in Strichelung gezeichnet. Statt der geschlossenen Haube, die jede Vermummung der Besatzung überflüssig macht, können natürlich auch die üblichen Schutzhauben,

Tafel II.

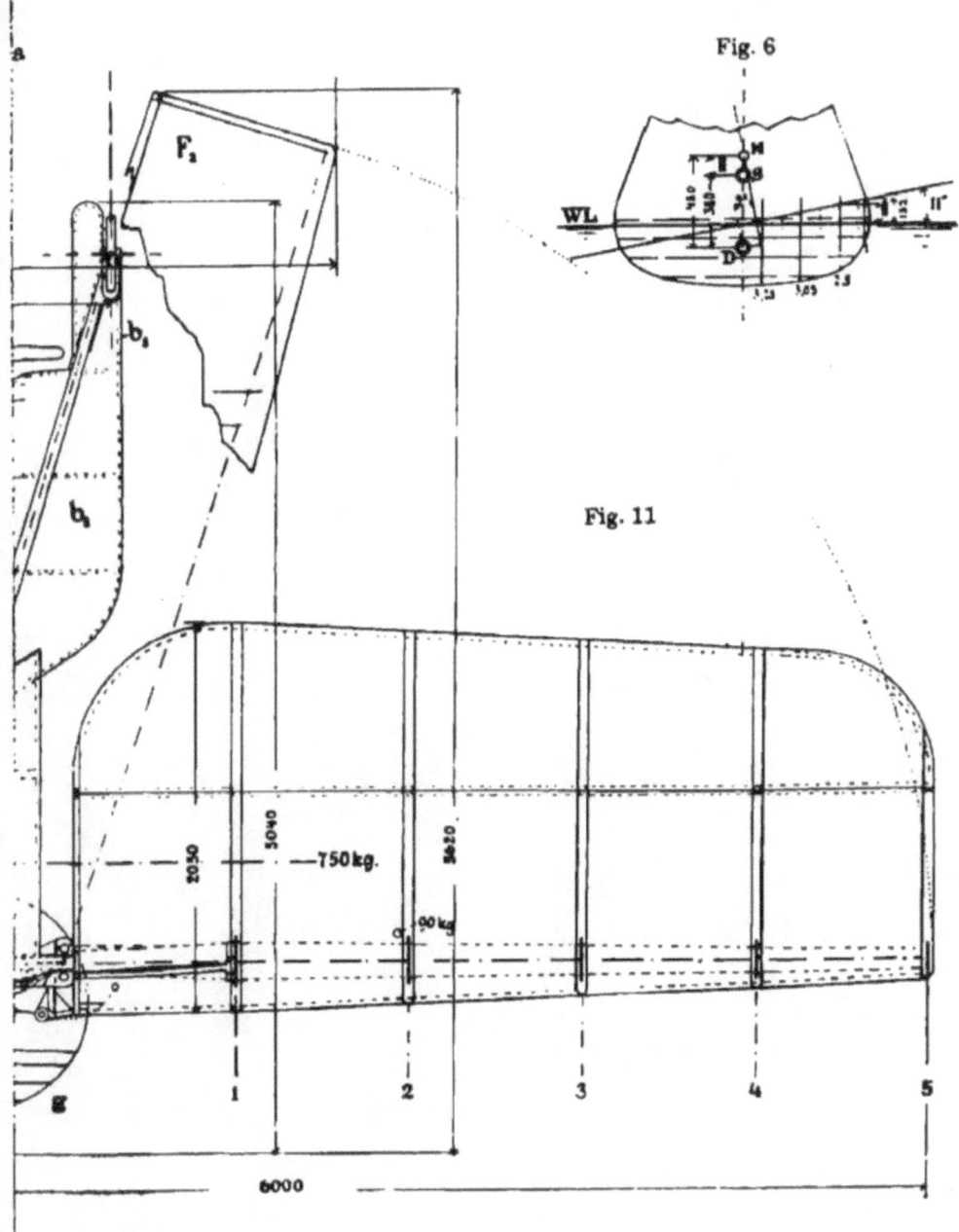

Fig. 6

Fig. 11

Druck und Verlag von R. Oldenbourg, München und Berlin.

die nach hinten offen sind, über den beiden Sitzen angeordnet werden. Wählt man, wie auf Tafel Fig. 3 gezeigt, den vollständigen Schluß des Drachenrumpfes, was nicht nur für die Besatzung, sondern auch in Hinsicht auf den Luftwiderstand das günstigste ist, so ordnet man die Tür t mit einziehbarer Leiter am besten vorn an. Außerdem sind noch Luken t_1 und t_2 zum Anfassen des Krans und zu Arbeiten am Motor (der für gewöhnliche Überprüfungen durch Aufheben des Sitzes zugänglich ist) vorgesehen. Um einen Blick gerade nach unten werfen zu können, wie beim offenen Boot, sind einzelne Fenster oder Fenstergruppen um wagerechte obere Drehachsen nach außen stellbar. Zum gleichen Zweck hat die Platte g am Lenkrad rechts und links eine der Bootbreite entsprechend gelegene Aussparung.

Die Belastungsannahmen sind aus Tafel Fig. 1 und 3 klar zu ersehen. Ebenso zeigt Tafel Fig. 3, die gleichzeitig die Flug- und die für die Untersuchung angenommene Schwimmstellung gibt, die Schwerpunktslagen des Drachen für ausgestreckte und angefaltete Flügel. Da der Formschwerpunkt (Schwerpunkt des verdrängten Wassers) D mit dem Schwerpunkt S des Drachen bei ausgestreckten Flügeln und S_1 bei gefalteten Flügeln nicht in einer und derselben Lotrechten liegt, so wird das Boot bei ausgestreckten Flügeln vorn etwas mehr und bei angeklappten Flügeln etwas weniger eintauchen als wie gezeichnet. Wie weit, ist durch die Berechnung der vorderen und hinteren Keilstücke, ähnlich wie nach Fig. 26 leicht zu ermitteln.

Die Form des Bootes geht aus den Wasserlinien Tafel Fig. 5 und den Spantenrissen Tafel Fig. 7 deutlich hervor. Weitere zur lotrechten Symmetrieebene des Bootes parallele Schnitte sind zur Ermittelung des Metazentrums M (Tafel Fig. 6) gelegt, deren Schnittlinien mit der Außenhaut nicht gezeichnet sind, deren Spuren aber als gerade Linien in Tafel Fig. 5 und 6 erscheinen. Bei dieser Gelegenheit möchte ich bemerken, daß man für Aufgaben wie die vorliegende, wo die ganze Wasserverdrängung noch nicht einmal 1 cbm ausmacht, sich die langweiligen Flächenberechnungen nach irgendeiner Trapezregel mangels eines Planimeters ersparen kann, wenn man etwa den Raum des verdrängten Wassers in Höhenschichten von 1 dm geteilt denkt und von diesen Schichten die Mittelebenen in Tafel Fig. 3 als gerade Linien und in Tafel Fig. 5 als Schnitte mit der Außenhaut zeichnet und so die

Fig. 5 auf gleichmäßige glatte und starke Pappe überträgt. Hat man im Maßstab von $^1/_{20}$ gezeichnet, so entsprechen $5^2 = 25$ qcm einer Fläche von 1 qm, und wenn die Schichtendicke = 1 dm angenommen war, so ist das Gewicht der Pappe von 25 qcm = 100 l Wasser. Man bestimmt also mit einer guten Wage einfach das Gewicht der größten aus der Pappe ausgeschnittenen Wasserlinie und erhält dann, wenn man weiß, was 1 g Pappengewicht bedeutet, das Gewicht der obersten Schicht, z. B. nach Tafel Fig. 5 : 364 kg. Ehe man nun den Rand zwischen der äußersten Wasserlinie und der nächst inneren wegschneidet, legt man die Pappe auf eine Messer- oder Maßstabkante und erhält so ebenfalls ohne Rechnung den Schwerpunkt. Er ist in Tafel Fig. 5 mit dem Pappengewicht 10,3 g bezeichnet. So geht man durch Wegschneiden des Randes, Wiegen und Schwerpunktsbestimmung von Wasserlinie zu Wasserlinie vor bis zur kleinsten.

Da man die Schichten unmöglich so getroffen hat, daß ihre Summe gerade das vorher ermittelte Gewicht beträgt, so berechnet man für die oberste Schicht die dem wahren Gewicht entsprechende Dicke und erhält so auch die wahre Lage des Schwerpunkts der obersten Schicht. Aus den vier Schwerpunkten der Wasserschichten nach Tafel Fig. 3 erhält man dann in üblicher Weise den Deplacements-Schwerpunkt D und hieraus mit den Längsschnitten, wie ebenfalls erörtert, das Metazentrum M in Tafel Fig. 6.

Der Winkel von 11^0 ist für die Seitenneigung angenommen, weil dabei die an den Rumpf angeklappten Flügel F_1 anfangen, das Wasser zu berühren. Für die ausgestreckten Flügel würde die Wasserberührung schon bei der halben Neigung eintreten.

b) Das Lenkrad.

Das Lenkrad r wird gehalten durch einen mondsichelförmigen Träger r_1, der sich mit nur geringem Spiel an den Radreifen anschließt, und durch zwei ꓶ-förmige Träger r_2. Mit letzteren sind durch Streben r_4 die Platten g verbunden. Die Wasserstöße auf die Platten g werden sonach von den gleichen Federn r_3 aufgenommen, wie die Stöße des festen Bodens auf das Lenkrad. Und da die Federn r_3 nach dem Innern des Rumpfes gelegt sind, so ist, wie namentlich aus Tafel Fig. 9 zu ersehen, der schädliche Stirnwiderstand des Lenkrads im Wasser und in der Luft äußerst gering. Das Lenkrad wird durch den Handgriff r_5 bedient, indem durch Wegdrücken des Handhebels die Bremse r_4 sich auf die seitlichen Radscheiben legt, während durch Rechts- und Linksschwenken des Handgriffs das Rad r direkt seine Richtung erhält.

c) Die Flügel.

Die Flügel besitzen jeder nur einen einzigen aus 90 cm langen Schüssen gebildeten Hauptträger ohne Draht- oder Drahtseilverspannung (Tafel Fig. 9 u. 11). Die einzelnen Röhrenschüsse sind aus Gußstahlblech veränderlichen Durchmessers und von Schuß zu Schuß wechselnder Wandstärke genietet und durch ebenfalls aufgenietete Gußstahlringe unter sich verbunden. An den Gußstahlringen sitzen die Querträger, I-Träger aus Eschenholz, ebenfalls fest, so daß keine Faltung von Segeln eintritt, wie ich sie bisher empfohlen habe und noch empfehle, die aber kein Mensch sich auszuführen getraut in der Furcht, daß der Stoff sich nicht genügend spannen läßt. Die Flügel des vorliegenden Entwurfs haben also nichts von der gefürchteten Fledermaus, sondern bleiben auch beim Anklappen an den Rumpf vollständig steif und ungefähr wagerecht. Nur klappt sich die hintere Hälfte der Flügel beim Zurücklegen durch Anstoßen an l_1 oder ein anderes Hindernis ganz unter die vordere Flügelhälfte, wie aus Tafel Fig. 4, 4a und 11 zu ersehen, ähnlich wie die zur Querstätigung eingeführten Klappen von Farman u. a.; hier zum Zweck, für den im Wasser mit an den Rumpf gelegten Hauptträgern schwimmenden Drachen die Flügel dem Eintauchen in die Wellen zu entziehen und gleichzeitig dem Wind weniger Angriffsfläche zu bieten.

Dem ersteren Zwecke — dem Freihalten vom Wasser — dient auch die Anordnung, daß das Schultergelenk des Flügelhauptträgers nicht mit lotrechter Achse zwischen die tragenden Röhren, sondern schräg zu diesen gestellt ist, der Flügel längs gelegt, somit in die Stellung F_1 (Tafel Fig. 1 u. 3) kommt. Die Schräglage des Schultergelenks insbesondere ist aus Tafel Fig. 9, 9a, und 11 zu ersehen. Für die ausgestreckten Flügel können die an den Flügelspitzen geschlossenen Träger (Röhren) im Notfall als Schwimmer wirken.

Die Flügel werden durch die Handräder f_1 mittels der Schraubenspindeln f_2 und der Lenker f_3 nicht nur ausgestreckt und an den Rumpf angelegt, sondern, da die Schraubenspindeln Selbstbremsung geben, so lassen sich für starken Wind beide Flügel gleichmäßig etwas zurücknehmen, oder es läßt sich überhaupt durch gleichmäßiges Vor- und Zurücknehmen der Flügel das Höhensteuer und durch ungleichmäßiges Vor- und Zurücknehmen das Seiten- und Quersteuer ersetzen. Für die Fahrt zu Lande oder zu Wasser unter eigener Kraft werden die angeklappten Flügel in die Stellung F_2 (Tafel-Fig. 11) vorgezogen, so daß die Schraube nicht behindert ist.

d) Die Fiederung.

Die Fiederung besteht aus zwei am Rumpf in schiefen Achsen gelenkig befestigten Platten l_1, die durch Lenkstangen l_2 mittels eines gemeinschaftlichen Vorreibers im Ständer l nach oben oder unten eingestellt werden können, so daß unausgeglichene Momente, welche den Drachen zum Tauchen oder Aufbäumen veranlassen möchten, unschädlich gemacht werden.

e) Die Steuerung.

Meine Maschine besitzt ebensowenig wie Vögel, Fledermäuse oder Insekten ein Seitensteuer oder ein besonderes Quersteuer, aber zwei voneinander unabhängig der Höhe nach verstellbare Platten b_3, mit denen alle Steuerbewegungen im Fluge erzielt werden können. Hierzu dienen Handräder b_4 mit Winkelgetrieben b_5 und Lenkstangen oder Spindeln b_6.

Im Streckenflug liegen also z. B. die beiden Steuerhebel b (Tafel Fig. 3) wagerecht. Soll die Maschine nach rechts wenden, so wird das rechte Steuer b gehoben, während das linke für den Gradausflug liegen bleibt. Durch das Heben der rechten Steuerfläche erfährt die Maschine in ihrem Vorwärtsflug nicht nur auf der rechten Seite eine Hinderung, die sie nach rechts dreht, sondern gleichzeitig eine Pressung, die sie auf der rechten Seite nach unten drückt, also zusammen das, was ein Kurvenflug nach rechts ohne Abtrift nötig hat. Das Heben beider Steuer bewirkt Aufbäumen, das Senken beider Steuer Tauchen der Maschine. Senken des einen Steuers und Heben des anderen bewirkt Änderung der Querlage.

Dazu kommt für Wasserdrachen: Im Anlauf zum Abflug, beim Wassern und im Seegang ohne Fahrt liegend, übernehmen die beiden seitlich ziemlich weit ausladenden Steuerflächen die Aufgaben, die die »Riemen« der Sportruderboote haben, d. i. die mangelnde Querstabilität zu ersetzen. Daß sie beim Anheben aus dem Wasser auch die mangelnde Längsstabilität ersetzen, weil sonst unter dem Druck der Schraube sich nur das Vorderteil auf der Platte g heben, das Hinterteil des Bootes aber versacken würde, haben wir schon erörtert (S. 77).

f) Der Motor.

Der Motor ist ein wassergekühlter Sternmotor mit wagerechten Zylindern oder ein luftgekühlter Umlaufmotor mit lotrechter Drehachse. Mit der Welle des Motors m steht ein Wendegetriebe m_1 in fortwährender Verbindung, das für Vorwärtsgang und Rückwärtsgang durch ein Handrad m_2 (Tafel Fig. 2 u. 8) eingeschaltet werden kann. Die Einrichtung zum Rückwärtsgang des Propellers halte ich namentlich deshalb für nötig, um für die fliegende Maschine den Halt an bestimmter Stelle zu erzwingen. Daß die Einrichtung auch für die auf Wasser oder Land laufende Maschine von Vorteil sein kann, liegt auf der Hand. Man vergegenwärtige sich in dieser Beziehung, daß alle Flugtiere halten können, wo sie wollen, die heutigen Flugmaschinen aber nicht!

Das Benzin fließt dem Motor durch die eigene Schwere zu, das Öl wird nach Tafel Fig. 1 aufgepumpt. Es ändert aber, falls gewünscht, eine Verlegung des Ölgefäßes zwischen die Benzinbehälter, so daß auch die Schmierung direkt erfolgt, nichts Wesentliches an der Massenverteilung.

g) Größe der Tragfläche.

Als Tragflächen rechnen:

die Flügel . . . . = 18,0 qm,
die festen Platten n an den Schultern = 3,4 »
die Platten g am Lenkrad . . . . = 2,6 »
die Unterfläche des Rumpfes . . . = 3,0 »

in Summa F = 27,0 qm.

Belastung auf die Flächeneinheit . . = $\frac{750}{27}$ = $\sim$ 28 kg/qm,

Belastung auf die Stärke des Motors = $\frac{750}{80}$ = $\sim$ 9 kg/PS.

Rückblick.

In vorstehendem glaube ich nachgewiesen zu haben, daß bei richtiger Anordnung der Schwimmer die Wasserdrachen durchaus nicht die hohen Motorstärken verlangen, die man ihnen aufredet, und daß man Flugmaschinen unbedenklich mit festgelagerten Scheibenrädern für die Fahrt zu Lande und mit Schwimmern für die Fahrt zu Wasser ausrüsten kann, wenn diese Schwimmer die Laufräder genügend decken und so schräg eingestellt sind, daß sie schon bei Geschwindigkeiten von rd. 5 m in der Sekunde den größten Teil ihres statischen Auftriebs durch dynamischen Auftrieb ablösen.

Ich glaube ferner überzeugend dargetan zu haben, daß man sehr wohl seefeste Drachen bauen kann, wenn man sich nur entschließt, die Flügel faltbar zu machen und Stahl und Holz da zu verwenden, wo diese Baustoffe angezeigt sind.

Endlich glaube ich, meine Vorschläge so weit begründet zu haben, daß man meine Bestrebungen, den Bau der Wasserdrachen auf den allgemeinen Bau der Flugdrachen zurückzuführen, nicht abenteuerlich finden kann; daß man also die immerhin kraftfressenden Schwimmer ganz vermeidet und den Rumpf selbst als Boot ausbildet; daß man dieses Boot aber nicht unter den Schraubenumfang legt, sondern in der Höhe beläßt, die ein gut ausgeglichener Landdrache für den Rumpf verlangen würde. In solchem Falle schrumpft die ganze Besonderheit der Einrichtung für Wasserdrachen auf ein dem Flug recht dienliches kleines Deck (ein Paar Platten) am Laufgestell zusammen, wenn die Steuerung in der von mir angegebenen Art eingerichtet ist.

Damit haben wir uns auch wieder der Natur genähert, die für den Wasservogel keine besonderen Mittel statischen Auftriebs kennt, sondern ihn genau wie den Landvogel gebildet hat, mit dem einzigen Unterschiede, daß er Schwimmhäute an den Füßen trägt.

Namen- und Sachverzeichnis.

Abflug vom ruhigen Wasser 3
Abflug gegen Wind 38
Abflug in der Dünung 40
Abflugvorrichtung von Blériot 70
Abflug von schwimmender Station 72
Ago, Schwimmer mit Laufrädern 51
Albatros, Fahrgestell 52
Albatros, Eindecker und Zweidecker 53
Allg. Elektr.-Ges., Faltbare Flügel 63
Anflug auf Wellen 20
Anflug aufs Schiff (Blériot) 70
Anflug aufs Schiff (Baquesne) 72
Archdeacon 1
d'Artois »Aéromarin« 17
Außenhaut der Boote und Schwimmer 59, 62
Aviatik, Schwimmer mit Laufrädern 50

Baquesne, Schwimmende Station 72
Beanspruchung der Flügelträger 42
Benzinbehälter, Lage 69
Berlin, Herbstflugwoche 1913 68
Blériot 1
Blériot, An- und Abflugvorrichtung 70
Bodensee-Flugtreffen 54, 63
Brix, Bootsbau 62
Burgeß 16

Caudron, Schwimmer 13
Caudron, Laufräder 49
Mc Cormick, Bootsschema 17
Conneau (Beaumont) 64
Crocco, Gleitboot 75
Curtiß, »Triad« 14
Curtiß und Burgeß 16
Curtiß und Paulhan 17

Deauville, Concours Français 1913 65
Deperdussin 13
Déplacement 26
Donnet-Lévêque, Schema 17
Donnet-Lévêque, Drache 32
Donnet-Lévêque, Fahrgestell 50
Drzewiecky 13
Dufaux A., Drache 11
Dünung 34

Einschneiden in Wellen 21
Eisenlohr, Wellenlehre 34
Entwurfbearbeitung 80
Esnault-Pelterie, Drache 13
Esnault-Pelterie, Schwimmer 57
d'Esterno 1

Fabre 2
Fabre, Schrägstellung des Schwimmerbodens 11
Fabre, Schwimmer 13, 60
Farman, Drache 13
Farman, Schwimmer 58

Fatou, Anforderungen an Wasserdrachen 64
Fiederung 82
Fliegende Boote 17
Fliegende Boote, Donnet-Lévêque 32
Fliegende Boote, Borel-Denhaut 58
Flügelberechnung 43
Flügel mit Verspannungen 47
Flügel ohne Verspannung 81
Flugsport 54
Flugzeugbau Friedrichshafen 52
Flugtreffen de la Tamise 1
Flugtreffen von Heiligendamm 2
Flugtreffen von Monaco 22 u. 64
Flugtreffen vom Bodensee 55
Flugtreffen von Deauville 65
Flugtreffen Berlin-Johannisthal 68
Forgeot und Marta 54
Forlanini, Gleitboot 74
Formschwerpunkt 26

Gaudart 1
Gerstner, Formeln für Wellen 38
Gleichgewicht in der Fahrt 19
Gleitboot von Tellier 17
Gleitboot von de Lambert 17
Gleitboot, Prahm- 56
Gleitboot von Forlanini 74
Gleitboot von Crocco u. Ricaldoni 75

Heiligendamm, Flugtreffen 2, 49
Hilfsschwimmer 3
Hilfsschwimmer, lotrechte Scheiben 23
Hilfsschwimmer unter den Flügeln 32
Hilfsschwimmer von Borel-Denhaut und v. Breguet 58
Hilfsschwimmer Lecomte u. Guincêtre 59
Hirth, Albatros-Eindecker 52

Holz als Baustoff 59
Hübner, Schwimmer mit Laufrädern 49

Jatho, Faltbare Flügel 63

Kalfatern 61
Klinkerbau 61
Krawelbau 61
Kreß 1
Kriegsministerium, Anforderungen des Preuß. Kr. 68

de Lambert, Gleitboot 17
Langley 1
Längsstabilität 18
Lenkrad 80
Lévêque, s. Donnet-L.

Marine, deutsche 1
Marine, deutsche, Anforderungen 67
de Marçay, Schwimmer 13
de Marçay, Faltbare Flügel 63
Metazentrum, Begriffe 27
Metazentrum, Entwurf 79
Monaco, Concours international 1913 64
Motor-Hochlage 32, 74
Motor für Entwurf 83

Nahtspantenbau 62
Nieuport 13
Nieuport, Verzahnung des Schwimmerbodens 16

Paulhan 14
Paulhan u. Curtiß, Flying boat 17
Pégoud, Anflug aufs Schiff 71
Planken 61
Prahm-Gleitboot 56
Preßluft für Schiffsböden 16
Preßluft für Fahrgestelle 54
Prévost auf Deperdussin 13
Propeller, Schraubenzug 3, 5, 18
Propeller, Umsteuerung 83

Querstabilität 24

Radgestelle 49
Ramus, Preßluft für Gleitboote 16
Ricaldoni, Gleitboot 75

Schott, Wellenbeobachtungen 38
Schlepptrosse, Anbringung der 20
Schraube, Verkleidung 67
Schraube für Luft und Wasser 76
Schwerpunkt des verdrängten Wassers 26
Schwimmer von Esnault-Pelterie 57
Schwimmer von Farman, Breguet, Borel 58
Schwimmer von Fabre 60
Spantenentfernung 59
Spantenriß 79
Stabilität, Längs- 18
Stabilität, Quer- 24
Stabilität, Anfangs- 30
Stahl als Baustoff 59
Stellwinkel der Tragfläche 5
Steuerung beim Wassern 22
Steuerung zum Heben des Bootshinterteils 77
Steuerung bei mangelnder Querstabilität 82
Strack, Fahrgestell mit Schwimmern 51

Tellier, Verzahnung des Schiffsbodens 17
Tellier, Schwimmer 60
Thelen, Albatros-Zweidecker 55
Thornycroft, Preßluft für Schiffsböden 16
Tissandier, Gleitboot 17
Tragflächen, Größe und Beiwerte 5, 54, 83
Trimm 21

Umsteuerung der Propeller 83

Verzahnung des Schiffsbodens 16, 57
La Vie au grand air 13, 64
Voisin 1

Wasserlinie 29, 79
Weber, Wellentheorie 34
Wellenprofil 35
Wettfliegen, s. Flugtreffen
Weymann 22
Widerstände beim Anlauf 3
Widerstände beim Einschneiden in Wellen 20
Windseen 34

www.ingramcontent.com/pod-product-compliance
Lightning Source LLC
Chambersburg PA
CBHW031836230426
43669CB00009B/1367